视角、方法与立场：
"知沟"假说的多学科观照

杨孟尧　著

中国农业出版社
北　京

　　本书获2022年度浙江省哲学社会科学规划年度课题一般项目"域外涉华文本对青年大学生的影响及应对研究——以智库报告为例"（编号：22NDJC113YB）、浙江科技大学学术著作出版专项、浙江科技大学马克思主义学院学术著作出版资助，特此致谢。

遍及全社会的巨大知识差异的产生，其本身就具有深刻的社会影响，而且可能在未来的社会变迁中构成一个关键因素。

——蒂奇纳、多诺霍和奥里恩

前 言
FOREWORD

1970 年，蒂奇纳（Tichenor P J）等三位学者在《舆论季刊》（*Public Opinion Quarterly*）第 34 卷第 2 期发表论文《大众媒介信息流通与知识增长差异》（"Mass Media Flow and Differential Growth in Knowledge"），正式提出了"知沟"（Knowledge Gap）假说：随着大众传媒向社会传播的信息日益增长，社会经济地位高的人将比社会经济地位低的人以更快的速度获取信息，因此，这两类人之间的"知沟"将呈扩大而非缩小之势。

50 多年过去，再回望这个研究，仍然感觉逻辑清晰，论证有力，至今假说仍然具有巨大的精神冲击力和旺盛的理论生命力。

究其原因，个人认为就在于假说为了方便量化研究，极大地简化了理论模型。在严格限定的框架内，该研究得以成立。又因其结论与直觉相异，迅即赢得了世人的瞩目。

"知沟"假说诞生之始就面临着解释力不足的问题。在后续学者们的验证检验中,不断发现在社会经济地位视角下,"没有知沟"和"反沟"等与原假设不符的现象,这也引来不少学者从各个角度、各个层面设计了各式各样的量化研究,试图"批判"或者"修正"该假说,使之在此后的数十年里,成为传播效果研究中热门的领域之一。

对"知沟"假说的思考与凝视,能够触摸到很多有意思的领域,比如研究的视角、方法与立场是如何影响最终结论的,如何看待人类的自我认知,如何把握知识与理性、知识与意识、神经与意识、遗传与意识、真相与立场的关系等。

让我们出发吧。

目 录
CONTENTS

前言

判断一个理论是否科学的标准在于其可证伪性、可反驳性或可检验性。

——卡尔·波普尔

第 一 章
CHAPTER 1
综述：社会学框架下的知沟研究

第一节　经典"知沟"假说的三根承重柱

有三根承重柱确保了"知沟"假说的成立，但也正因为这三根承重柱使其框架被严格限定，导致假说虽然振聋发聩，但直接拿来解释实践时陷入不尽如人意的困境。

一、受教育程度与社会经济地位的同义替换

（一）受教育程度与社会经济地位

经典研究自称"以受教育程度作为社会经济地位的一项有效指标"，事实上它是把受教育程度与社会经济地位直接等同了起来（图1-1）。

蒂奇纳等引用了艾尔伯特·雷斯（Albert J. Reiss）、罗伯特·戴维斯（Robert C. Davis）、威尔伯·施拉姆（Wilbur Schramm）、赛琳娜·韦德（Serena Wade）、梅里尔·塞缪尔森（Merrill E. Samuelson）等人的著作，论

图1-1 经典"知沟"研究团队 Tichenor P J(左)、Donohue G A(中)、Olien C N(右)

证了"文化程度与从大众媒介中获取的公共事务及科学知识之间有着很强的相关性",认为"受正规教育程度的提高,意味着生活圈子的扩大与丰富,包括参与社会团体较多、对科学和其他公共事务的知晓及兴趣较大、在这一领域与大众媒介的内容接触更为广泛"。

蒂奇纳等枚举了众多研究,用以证明随着时间的推移,文化程度较高的人从大众媒介中获得的知识会更多。引用雪利·斯达(Shirley Star)等的研究说明文化程度较高的年轻男性更容易从宣传中获取信息。引用海曼(Herbert H. Hyman)等的研究认为文化程度较高的人获取信息时存在正向激励的现象,"人们学得越多,兴趣越大;兴趣越大,促使他们学得越多"。

蒂奇纳等进而总结了媒介信息量增加后会加剧"知沟"的五个因素:传播技能、信息储备、相关社会交往、对信息的选择性接触接受与记忆、媒介特性等。

蒂奇纳等引用了长期和短期的多项量化研究调查。引用了巴德(Richard W. Budd)等人的新闻扩散过程研究,用以证明文化程度高的受访者"了解事件的速度比文化程度低的人快";引用了美国舆论研究所(American Institute of Public Opinion)关于人造卫星、登月计划、吸烟与癌症关系的长期调查数据,用以证明随着时间的推移,虽然关于每个话题的知识或对某一信念的接受在总体上都有所增加,但是"'知沟'没有合拢",甚至在某些调查中显示,受过大学教育的人相比高中毕业者,更大比例地接受了新的知识和信念(图1-2)。

MASS MEDIA FLOW
AND DIFFERENTIAL GROWTH
IN KNOWLEDGE

BY P. J. TICHENOR, G. A. DONOHUE, AND
C. N. OLIEN

Data from four types of research—news diffusion studies, time trends, a newspaper strike, and a field experiment—are consistent with the general hypothesis that increasing the flow of news on a topic leads to greater acquisition of knowledge about that topic among the more highly educated segments of society. Whether the resulting knowledge gap closes may depend partly on whether the stimulus intensity of mass media publicity is maintained at a high level, or is reduced or eliminated at a point when only the more active persons have gained that knowledge.

Phillip J. Tichenor is Associate Professor of Journalism and Mass Communication at the University of Minnesota. George A. Donohue is Professor of Sociology and Clarice N. Olien is Instructor in Sociology, also at the University of Minnesota. This analysis was supported by Project 27-18, Minnesota Agricultural Experiment Station.

ACQUISITION OF KNOWLEDGE about science and other public affairs issues may be viewed as a component of social change consistent with a cumulative change model. According to this perspective, a given increment of change may lead to a chain reaction appearing as an increased rate of acceptance of a pattern of behavior, a belief, a value, or an element of technology in a social system.[1,2] Because certain subsystems within any total

图 1-2　经典"知沟"假说论文截图

随后，蒂奇纳等开始检验其假设的一个反例："知沟"假说认为大众媒介关于某话题报道的数量越多，受教育程度更高的人与受教育程度更低的人之间，知识差距会越拉越大。但是如果大众媒介报道量减退的话，在受教育程度高与受教育程度低的人之间，其相关知识的占有量会呈现什么样的特征呢？按照蒂奇纳等推导的理论，相关知识的占有量差异将会是缩小的。蒂奇纳引用了梅里尔·塞缪尔森关于报纸罢工的社区与报纸没有罢工的社区高教育程度与低教育程度人之间的相关知识差异的对比数据，发现是符合"知沟"假说反推理论的。当然，蒂奇纳等也承认"由于缺少罢工前后的数据比较，对这些数据的解释也只是一种假设"。

这个论证有点画蛇添足，因为证明充分并不需要用证明必要来证明，当然拿过来也能作为一项支撑材料，可以理解。

随后蒂奇纳等还引用了蒂奇纳未发表的博士论文研究成果，证明新闻传播效果与传播量和受众受教育程度密切相关。

最后作者得出结论：由于大部分数据符合"知沟"日趋扩大的假设，在这个意义上，"知沟"假设是可以成立的。

这里，论证在跃迁时出了逻辑问题。

以上数据证明，受教育程度更高的人比受教育程度更低的人能更快更多地获取信息，对于这一点大家都没有异议，毕竟有这么多研究成果来佐证。

但我们的假设是什么？

随着大众传媒向社会传播的信息日益增长，社会经济地位高的人将比社会经济地位低的人以更快的速度获取信息，因此，这两类人之间的"知沟"将呈扩大而非缩小之势。

我们论证的时候，一直在"受教育程度"这里打转，但是结论转换成了"社会经济地位"，这里缺失了一个环节没有论证，就是：受教育程度与社会经济地位可以简单划等号，可以同义替换。只有这样，整个论证前后才能说咬合得比较严密，形成完整的逻辑链条。

受教育程度与社会经济地位可以划等号，直接同义替换吗？显然是不能的。在当下全球高等教育供给似乎"过剩"的今天，理解这一点变得更容易。

当然，研究中的社会经济地位是宏观层面的社会经济地位，是建立在足够多的统计样本基础之上的，个别例外情况可以忽略不计。只要受教育程度与社会经济地位强烈正相关并宏观上符合大多数情况，我们就可以进行这样的同义替换。

受教育程度与社会经济地位是否强烈正相关，是否宏观上符合大多数情况呢？是的，很多研究证明了这一点。事实上，还可以进一步说，知识自古以来就是社会地位的重要组成部分。日本历史学者佐竹靖彦在《刘邦》一书中曾感叹道："有时，凭借远至千里之外的情报网可能攫获千金，但也可能会因信息传达的些许滞后而给政局带来决定性的改变。也就是说，是否值得与之交换重要情报、是否拥有广泛而相互信赖的人际关系等，都将直接或间接地决定一个人的社会地位①。"

但这种非全括式的概念跃迁必然导致研究的普适性缩水，成为"知沟"实

---

① 佐竹靖彦. 刘邦［M］. 王勇华，译. 北京：北京联合出版公司，2020：147.

证研究结果与假设不符的重要原因。因为显然受教育程度只是考量社会资源攫取与维护能力众多指标中的一个。

社会经济地位（Socioeconomic Status，SES）是社会学的底层概念之一，指的是一个人在社会系统中的个人地位，包括社会地位（声望、权力和经济福利）以及获得金融、社会文化和人力资本资源的机会[①]。《澳大利亚教育词典》认为社会经济地位是指个人或群体在社会上的社会和经济地位，衡量标准如工作类型、居住区域、学历和工资收入。也有学者认为个体的社会经济地位主要体现为个体所可能获得或控制的社会资源的数量和质量[②]。

《辞海》网络版认为社会地位是"个人在社会声望等级序列中所占有的位置。既可能是先赋性的、与生俱来的，如年龄、性别、种族、家庭背景等，也可能是自致性的、依靠后天努力取得的，如教育、职业、婚姻状况、成就等。不同的社会地位，伴随着不同的权利、义务和生活方式"。当然这里"社会地位"与"社会经济地位"不能当作一个词（图1-3）。

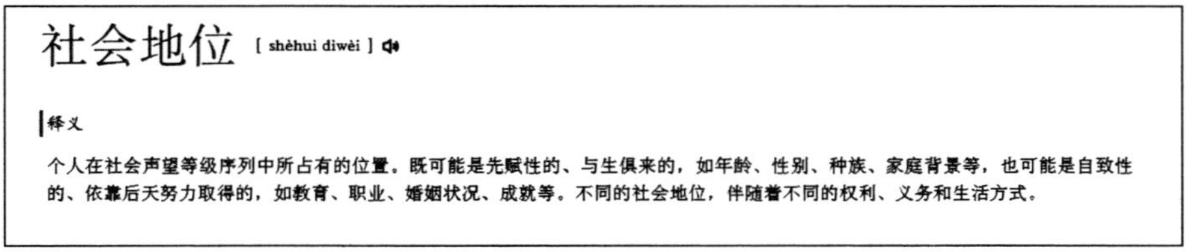

社会地位 [shèhuì dìwèi] ◁»

释义

个人在社会声望等级序列中所占有的位置，既可能是先赋性的、与生俱来的，如年龄、性别、种族、家庭背景等，也可能是自致性的、依靠后天努力取得的，如教育、职业、婚姻状况、成就等。不同的社会地位，伴随着不同的权利、义务和生活方式。

图1-3　《辞海》网络版对"社会地位"的解释

受教育程度是衡量社会经济地位的重要指标，但不是唯一指标，其他还有众多指标与受教育程度一起，建构了个体或群体的社会经济地位。

用其中之一的"受教育程度"同义替换"社会经济地位"，会导致结论只能适应在"受教育程度"的范围内，超出这个范围推广结论就会碰得头破血流。

因此，"知沟"假说的第一根承重柱，是不稳固的，本来该有七八根钢筋来拱卫的承重柱，只被放了一根钢筋进来。而这一根钢筋难以承受质检方苛刻的拷问。

[①]　么晓明，丁世昌，赵涛，等. 大数据驱动的社会经济地位分析研究综述 [J]. 计算机科学，2022，49（4）：80-87.

[②]　STRICKER L J. "SES" indexes：what do they measure [J]. Basic and applied social psychology，1980，1（1）：93-101.

（二）正规教育对知沟的影响

这里我们引入一个很有趣的研究。

2006 年，《新闻与传播研究》杂志发表了一篇《浙江省中学生“知沟”假设的实证研究》，研究者将浙江省在校中学生作为研究对象，以调查数据为基础，对“知沟”假设进行了多方面检验。研究结果表明，无论农村与城镇，以及家庭经济状况好与差，中学生中均不存在明显的“知沟”。研究者认为媒介拥有量对获取知识的量不起决定性作用，接触动机和目的才是关键因素（图 1-4）。

浙江省中学生“知沟”假设的实证研究*

葛进平　章　洁　方建移　张　芹

内容提要 本文将浙江省在校中学生作为研究对象，以大量调查数据为基础，对“知沟”假设进行了多方面检验。研究结果表明，无论农村与城镇，以及家庭经济状况好与差，中学生中均不存在明显的“知沟”。文章还对没有“知沟”的原因作了分析。

人口同质化程度高的情况下，议题的显著性容易引发街谈巷议式的人际传播，而且同质社区可选择的媒介少，结果造成知沟缩小；当议题的显著性和冲突性较小（如非地方性议题），而且社区复杂性、差异性大、多元化程度高时，知沟将呈扩大之势。[3]

图 1-4　《浙江省中学生“知沟”假设的实证研究》截图

研究者目的是检验“知沟”理论，但是其前提假设与经典理论不同，由于中学生受教育程度是一样的，没有办法直接用受教育程度同义替换成“社会经济地位”，因此研究者把被调查对象分为城镇中学生与农村中学生两类，分别考察，提出假设为：浙江农村与城镇中学生的“知沟”明显。

研究数据显示：“农村与城镇中学生家庭在电视机、电脑和报纸杂志的拥有量，以及学生平均拥有的手机数等方面都有极显著的差异。”“家庭电视信号接入方式（有线或无线）、家庭电脑是否联网方面农村和城镇有极显著差异。”

研究数据还显示：“城乡中学生媒介接触时间和内容无显著差别。”虽然某些具体数据存在显著差异，但总体来看，媒介接触时间和内容无显著差异。

研究数据显示农村与城镇中学生不存在“知沟”。研究者通过分析数据得出结论：浙江省城镇中学生和农村中学生的“知识”没有显著区别。在 10 个

"人或事"选项中，7个未达到显著差异，3个达到极显著差异。达到极显著差异的选项包括"周杰伦""爱因斯坦"等，但关于"周杰伦""爱因斯坦"，选择大众媒体为第一信息源的城镇中学生少于农村中学生。也就是说大众媒体对城镇中学生增长知识的作用小于农村。由此研究者认为大众媒体对城镇中学生增长知识的影响小于对农村中学生的影响。

研究者还考察了样本学生的"家庭经济条件"，在班主任的帮助下，把被调查班级里家庭经济条件最好和最差的各5位同学分成两类，考察他们的媒介接触情况。经过一系列统计计算后，研究者认为结果证明"家庭经济条件对中学生的媒介接触和影响没有直接关系，进一步否定了'知沟'假设"[①]。

我们说这是一个非常有趣的研究。

"有趣"的第一个原因是：如果我们用经典"知沟"假设的框架去套的话，其实这个研究反而证明了经典"知沟"假设的正确性。

为什么这么说呢？因为经典"知沟"假设是直接把受教育程度高低与社会经济地位同义替换的，也就是说受教育程度高，社会经济地位就高，受教育程度低，社会经济地位就低。如果受教育程度相同呢？那么按照经典知沟假设的框架，他们社会经济地位理论上应该是一样的。也就是说不管这些中学生家庭经济情况到底如何，只要他们受教育程度相同，默认他们就属于同一个阶层。按照经典知沟假设的框架，如果他们属于同一个阶层，那么他们之间就不应该有"知沟"。研究结果证明，他们中间确实没有"知沟"。

当然，我们刚刚论证过了，经典"知沟"假说的这个推论是有问题的。受教育程度不能直接等同于社会经济地位。还有其他变量，如家庭经济收入等因素同样影响着社会经济地位的高低。

这时这个研究的第二个"有趣"的地方就出现了：研究者分别从城镇和农村的班级里抽出班主任认为家庭经济条件较好和家庭经济条件较差的各5位同学，按家庭经济条件分类后，进行媒介接触的考察，发现家庭经济条件与中学生的媒介接触和影响关系不大。

研究者的解释是，媒介接触的"动机和目的"对知识的获取起到了关键作用。"由于家庭经济条件不同，浙江城镇中学生的媒介拥有量高于农村中学生，

① 葛进平，章洁，方建移，等．浙江省中学生"知沟"假设的实证研究［J］．新闻与传播研究，2006（4）：54－60，95．

达到极显著差异水平。但农村中学生媒介使用中'增长知识'的目的高于城镇中学生，且达到极显著差异水平。农村和城镇中学生媒介接触的时间无显著区别。媒介拥有、接触和使用目的三个方面的综合作用，导致浙江农村和城镇中学生不存在明显的'知沟'。"这种解释不无道理。

另外还有可能的解释包括：一是浙江省贫富差距在全国处于较低水平，有可能中学生家庭之间的贫富差距尚未达到质变分层的水平。二是中国中小学生普遍生活轨迹类似、简单，导致该群体普遍存在知识结构类似的情况。三是教育是改变知识结构的重要途径，由于浙江省中小学生接受了内容高度一致的正规教育，使他们在相当多的知识上实现了"知沟"的弥合。

《新闻与传播研究》上发表的这篇论文，与经典"知沟"假说一样，从一个侧面证实了"系统教育"在知沟的形成或弥合上，可能有着不可替代的重要作用。系统教育与社会经济地位之间也不能简单划等号，也就是不能在承重柱里只放入一根钢筋。

当然，必须要承认，只放一根钢筋也有它的好处，就如上述研究一样，统一更多的变量可以简化研究框架，缩小研究范围，方便量化研究操作，甚至能够用排除法来研究各个钢筋具体的用处，等等。

事实上，"知沟"假说的研究者们已经注意到这个问题。蒂奇纳的学生，"知沟"假说研究专家塞西莉·加齐亚诺（Cecilie Gaziano）2016 年在"知沟"研究综述文章《知沟：历史与发展》（"Knowledge Gap：History and Development"）的开篇就明确指出"一个大众传播研究的早期发现是，正规教育和科学知识与公共事务之间是密切相关的[①]"。

二、较窄的"知识"定义

这是一个现在已经被广泛注意的问题。

经典"知沟"假说对"知识"的限制是比较清晰的。蒂奇纳在展开论证之前就明确了"知沟"假说验证的范围："主要适用于有广泛吸引力的公共事务和科技新闻，它不一定适用于特殊的受众话题，如股市行情、社会新闻、体育及园艺。"

① GAZIANO C. Knowledge gap：history and development［EB/OL］. （2016 - 07 - 08）［2024 - 02 - 01］. https：//onlinelibrary. wiley. com/doi/epdf/10. 1002/9781118783764. wbieme0041.

经典"知沟"假说的相关研究建立在"有广泛吸引力的公共事务和科技新闻"的基础上。严格限定的知识来源使研究更为集中，关注最核心和本质的问题，是研究者能顺利揭示"知沟"现象的重要基础。

但这种严格限定只有学术意义，并不具有实践意义。人们可以用这个限定来揭示知沟现象，但是如果要解决知沟问题，则"有广泛吸引力的公共事务和科技新闻"的知识领域并不具有要解决的"紧迫性"。人们总要选取更有紧迫性和现实意义的知识领域来验证。

这就导致知沟相关研究文献对知识的定义五花八门，并不一致。例如，艾特玛（Ettema J S）等人的研究举了一个极端的例子：对比一个利比亚农民和一个耶鲁大学学生的文化程度，如果按照文化程度看前者肯定不如后者，但如果让两人拿碗去估算一堆稻谷的体积，耶鲁大学学生在这方面的能力远逊于利比亚农民。而在其他测量能力上，受过高等教育的耶鲁大学学生比利比亚农民的精确度要高。这里能力的对比，是否可以算作知识的对比暂且不管，不过这里对知识的定义显然是"有广泛吸引力的公共事务和科技新闻"所不能覆盖的。

研究者们根据研究目的设定了各种各样的知识领域。以验证"知沟"假说为主要目的的研究，往往沿用经典的设定；利用"知沟"假说指导实践的研究，往往采用了更加"有用"的知识领域，如选举、卫生医疗等。

探讨别的知识领域是否存在知沟值得尝试。毕竟知沟是普遍存在的现象，人们在各式各样的事物上都存在着广泛的知识差异。但是在知识定义不同的情况下开展的验证研究，不管得出什么结论，都不能作为推翻经典假说的依据，因为这很明显是各说各话。

同样，要引用经典假说的结论用于指导实践，则必须注意关键名词的定义是否与经典假设一致，如果不一致，是需要首先论证能否直接引用的。用狭窄的知识定义得出的结论，如果离开其框架去指导知沟弥合的实践以验证结论，无异于搭建"空中楼阁"。

在社会科学研究尤其是社会科学量化研究中，关键名词的定义十分重要，很多时候定义决定了框架，框架决定了结果。同样对一件事物的解读或预测，使用同样的数据基础，如果关键名词的定义不一致的话，很可能会得出截然相反的结论。因此，研究开始前，要关注知识的定义，这是研究结论成立的关键。

综上，经典"知沟"假说成立的关键，在于其较窄的知识定义。

三、大众传播视角

早期传播效果研究，往往有一些类似约定俗成的隐含前提。例如：知识生产是社会上层、社会精英的专利，普通大众只有接受（偶尔给予反馈）的义务；知识的流动一般是通过大众媒介（社会精英的化身）自上而下纵向传播的；上层与上层之间，普通大众之间的知识流动或许有，但不是研究者关注的重点。

在经典"知沟"假说被提出的时代，大众传播是传播学的主要研究领域，基于实用主义的媒介效果研究逐渐突破有限效果论的束缚开始崭露头角，传播媒介水面以下的巨大力量被逐渐认知。因此经典"知沟"假说研究团队在提出假设时，首先强调了"当大众媒介信息在一个社会系统中的流通不断增加时"。

可见，"知沟"假说从一开始就是在大众传播的框架下被设计并进行实证检验的，它是研究大众传媒对知识占有差距造成的影响的理论，大众传播的视角是"知沟"假说的第三根承重柱。

引用、验证该理论时需要注意其视角问题。因为以大众传播的视角来观察知沟，就必然会漏掉其他视角可以看到的景象，如群体、组织或个人之间传播信息时产生的知识变异或者说再创造。

据说部队行军过程中为了解闷会玩一个游戏，走在最前面的士兵悄悄地告诉身后的士兵一句话，身后的这个士兵再转身告诉下一名士兵。然后这句话就通过人传人的方式从队前传到了队尾。当最后一名听到这句话的士兵与最前面的士兵去核对传话内容时，会是整个行军队伍的开心时刻，因为这时内容已经完全变了样儿。在这个游戏里，知识（如果这句悄悄话也能算作知识）在传播的过程中变异了，不仅有错误的传播，还加入了传播者自己的推想和补全。这是人际传播（或组织传播）过程中产生的知识占有差异，并非大众传播造成的。当然，也不能据此推断是因为前面的士兵社会经济地位比后面的士兵社会经济地位高，所以他们之间才产生了知沟。

在当代社会，观念领导者与追随者之间的互动也与经典假设不太一样。随着知识越来越重要，一些社会精英敏锐地发现知识是可以"变现"的，他们通过建立收费聊天群、售卖会员等方式来传播他们的创见类知识。少数精英通过在小范围收费发布文章或者接受咨询给予意见的方式，获取了巨额利润。观察这种知识传播的方式会发现，知识在以一种完全不同于大众传播的方式在生产和传播着。追随者提供关涉自身的鲜活社会信息给观念领导者，请求观念领导者给予抉择建议。观念领导者则利用自身知识框架，消化掌握相关信息后，给出超出追随者认知的答案。或者传受双方在群体内讨论中，观念领导者理清了思路、迸发出灵感等。

在这个过程中，观念领导者和追随者角色是明确的，但是从信息流动的角度来考察，双方是双向地输出知识，或者准确来说，追随者输出事实，观念领导者输出判断，双方在互动中完成了知识的构建与传播，传播过程结束后双方的知识都获得了提升。这也是经典"知沟"理论所没有涉及的领域。

前述葛进平等人考察浙江省中小学生"知沟"现象的论文，也证明组织传播——正规教育的知识传播效果并不能套用经典"知沟"理论的解释。

四、小结：钥匙还是仓库？

承重柱的意思就是，如果抽离它，理论就不能成立。

如果抽离"正规教育"的因素，以"社会经济地位"去考察"知沟"，得出的结论会是千疮百孔的；如果抽离"有广泛吸引力的公共事务和科技新闻"，以其他种类的知识去考察"知沟"，得出的结论也给不少研究者带来困扰；如果剥离大众传播视角，"知沟"假说的解释力也会大为下降。

因此，直接拿"知沟"假说去解释人与人之间知识占有的差异，是不能达成充分条件的。如果拘泥于以上三根承重柱，也会导致理论解释力的下降和生命力的衰退。

可见，经典"知沟"假说只是打开"知沟"大门的钥匙，而不是可以解决所有"知沟"问题的仓库。

第二节　国外的验证与扩展尝试

经典"知沟"假说研究因其异于直觉的结论和较为狭窄的论证范围，引起了学界的广泛注意和兴趣，后续有诸多研究用以验证或扩展其假说。验证研究多属具体知识领域的量化实证研究，如疾病和选举等国外热点话题或知识领域。扩展研究则从基础设定、研究领域等方面展开。

一、经典研究的深化：从社会控制到传播环境

（一）大众传媒的社会控制（1973）①

经典知沟研究团队 1973 年在《新闻季刊》（*Journalism Quarterly*）杂志发表论文《大众传媒功能、知识与社会控制》（"Mass Media Functions, Knowledge and Social Control"），从社会控制的角度观察了知沟的变化。作者认为公共和私营部门的大型组织机构都对信息的吸收和传播进行了精心的控制，而知识控制是社会权力的基础。大众传媒代表着"信息"和"信息同化"的概念，而"信息"和"信息同化"是实现进一步控制的手段或目的。作者提醒不应由此认为社会控制是大众传播的唯一功能，而应认为所有传播过程都具有潜在或明显的控制功能。研究的重点在于控制权是如何被行使的，发生在流程的哪个环节，以及它对整个社会系统及相互依存的子系统有什么影响。

作者以科学和技术逻辑知识的传播为例来说明大众传播中出现的各种形式的系统控制。作者认为从媒体对科学的报道模式来看，科学子系统对科学内容存在着各种各样的直接控制，这些控制的目的是阻止多元化功能的发挥，而不是维护科学体系本身。大多数记者在发表文章之前可能会接受一定程度的科学家事先审查，这一事实证明了当今科学体系对大众传媒的控制程度。

作者认为就通过大众传媒传播知识而言，科技领域的媒体内容很有可能会强化知识精英在社会中的地位。从这个角度看，大众传媒被视为整个社会系统中相互依存的部分，它们共同面临着控制其他子系统和被其他子系统控制的问题。大众传媒被视为跨越其他子系统并在它们之间传递信息的子系统。在这一框架内，研究的主要问题不是信息是否受到控制，而是控制是如何实施的，在什么环节实施，以及对整个社会系统和相互依存的子系统有什么影响。

团队经研究认为系统越不复杂，差异化越小，该系统中的大众传媒就越有可能将自己局限于系统的维护；系统的差异化和多元化程度越高，大众传媒就越有可能发挥反馈控制和分配功能；科学子系统对有关科技的大众传媒内容的控制，取决于渠道成员对科学子系统的认同程度；随着大众传媒在社会系统中的渗透增加，社会经济地位较高的人群获取信息的速度往往快于社会经济地位

---

① DONOHUE G A, TICHENOR P J, OLIEN C N. Mass media functions, knowledge and social control [J]. Journalism quarterly, 1973, 50 (4): 652 - 659.

较低的人群，因此，这两类人之间的知识差距往往会扩大而不是缩小。

团队通过民意调查结果发现，大多数人认为某些事件（如战争暴行）不应向公众报道，这说明社会普遍接受信息控制。

该研究是三根承重柱框架下的持续深化，关注重点由受众知识变化转向了大众传媒这样一个知识传播者的角色。

（二）传播环境的影响（1975）①

经典知沟理论研究团队 1975 年在《传播研究》（*Communication Research*）杂志发表了论文《大众传播与知沟：假说的再审视》（"Mass Media and the Knowledge Gap: A Hypothesis Reconsidered"），对经典理论进行了一次修订和拓展。

这篇论文主要关注了知沟弥合过程中四个变量的作用：一是问题的性质，特别是它在多大程度上涉及社会制度中的基本关切。二是与有关问题的一般社会定义相伴随的系统冲突程度。作者认为基本关切关联着社会冲突，社会冲突则对唤醒和维持公民参与具有积极作用，进而可能有助于弥合知沟。三是社区的结构，尤其是多元化或单一化的程度。作者假设社区越多元化，知沟越有可能扩大。四是媒体报道的模式，即不仅信息传递的总频率较高，而且主要主题的重复或冗余程度较高，作者假设在社区冲突较少的情况下，重复程度越高，差距越小，而在冲突较多的情况下，则出现相反的趋势。

最后研究团队得出以下结论：一是如果一个问题似乎引起了整个社区的普遍关注，那么有关该问题的知识就更有可能在不同教育程度的人群中均衡分布。二是当问题在社会冲突的氛围中发展时，这种均衡更有可能发生。三是在一个小而单一的社区中，这种知识均等化比在一个大而多元的社区中更有可能发生。四是关于具体问题的知沟，如果出现较早，可能会随着公众注意力的减弱而逐渐缩小。

该研究是经典框架下对传播环境这个变量的考察。经典"知沟"假说研究团队通过先后对受众、大众传媒以及传播环境的全面考察，完成了经典"知沟"假说框架及结论的建构。

---

① DONOHUE G A，TICHENOR P J，OLIEN C N. Mass media and the knowledge gap: a hypothesis reconsidered [J] . Communication research，1975 (1)：3 - 23.

二、传播渠道的探索：罗杰斯"传播效果沟"①

罗杰斯（Rogers）有两本书在中国流传甚广。一本是《传播学史：一种传记式的方法》，作者从尽量减少传播障碍的角度，将理论、历史与人物传记融为一炉。另一本是《创新的扩散》，该书从创新的扩散这么一个小切口的事件进入传播学研究，却涉及并论证了传播学的大部分领域。其内容深刻又通俗易懂，就像是一个绝顶的高手，把独孤九剑这种上等武学，耐心地、一遍一遍地演示出来。

罗杰斯在"知沟"假说初创时，就提出了"传播效果沟"（The Communication Effects Gap）的概念。他认为考察人与人之间的知识差异，不能仅仅拘泥于大众传播视角，人际传播等其他传播渠道也起到了复杂的作用。因此他建议将"知沟"重新定义为"传播效果沟"。国内对该概念的介绍，往往是在"知沟"假说之后进行了寥寥几句的概括，没有深入。罗杰斯敏锐地发现了大众传播视角的局限性，这个概念值得注意和进一步研究，因此我找到了罗杰斯的原文并进行评述（图1-5）。

COMMUNICATION AND DEVELOPMENT
The Passing of the Dominant Paradigm

EVERETT M. ROGERS
Stanford University

The most influential book about communication and development is probably Wilbur Schramm's *Mass Media and National Development*. When it appeared in 1964, social scientists thought they understood the nature of development and the role of communication in development. The ensuing decade shows us that our conception of development was rather limited and perhaps not entirely correct. Today we see that past notions do not entirely fit the reality and potential of the contemporary scene.

In this paper, I shall (1) describe the old concept of development and contrast it with some emerging alternatives, and (2) set forth our previous conception of communication in development and contrast it with some of the roles of communication in the emerging models of development.

图1-5　罗杰斯《传播与发展：主流范式的消亡》截图

---

① ROGERS E M. Communication and development: the passing of the dominant paradigm [J]. Communication research, 1976 (4): 213-239.

这篇论文首先探讨了"发展"的模式与概念。

作者表达了中国读者熟悉的价值理念。他痛斥资本主义及其发展道路，赞赏了中国的现代化实践——认为这有可能是一种可行的替代方案。要注意到这篇文章可是发表于 1976 年而不是 2006 年——似乎从侧面印证了 20 世纪六七十年代共产主义理论以及毛泽东思想的全球影响力。

作者认为新的可以替代西方的发展模式具有以下特征：一是信息、社会经济利益等的平等分配，确切来说是通过优先提升村民和城市贫民收入来缩小社会经济差距。二是基层人民更多的自主权，人民"参与考虑、规划和实施他们的发展"——根据他的例证，这里的自主权更多是指"村集体的自主决策"。三是强调自力更生和独立发展，拒绝了外国的援助也意味着拒绝了外部的发展模式，因此可以自主探索发展方向。四是将传统制度与现代制度相结合，使现代化成为新旧思想的融合，但具体融合方式因地而异。他指出在中国"针灸和抗生素在人们的心目中就结合得很好"，进而他认为"传统其实就是昨天的现代性"。因此，他认为到 20 世纪 70 年代中期，占主导地位的西方发展模式已经"过去"，至少作为拉丁美洲、非洲和亚洲的主要发展模式已经"过去"了。

在这个基础上，他探讨了发展的定义，认为发展应该是"一个社会群体广泛参与的社会变革历程，旨在通过大多数人对其环境的更大控制，为他们带来社会和物质进步，包括更大的平等、自由和其他有价值的品质"。

随后罗杰斯探讨了发展与传播的关系。他认为早期大众传播常常被认为是促进发展的强大而直接的力量，后来人们逐渐意识到大众传播促进发展方面所起的作用往往是间接的、辅助性的，罗杰斯转引格鲁尼格（Grunig）的研究说，"传播是现代化和发展的一个补充因素……除非结构性变化首先启动发展进程，否则它的作用不大"。此外，对传播促进发展的批评包括认为大众传播是跨国公司剥削关系的延伸、独裁政权宣传的工具、学者们对之前研究假设的质疑等。

罗杰斯在讨论传播在发展中的另类概念时，提到了"传播效果沟"的概念。他是这么讲的：

需要更合适和充分的手段来检验传播沟假说。这一假设最初是由 Tichenor 等（1970）提出的，暗示大众传播的一个影响是扩大了两类接受者（社会经济地位高和低）之间的知识差距。人们常常忽略了这一点："沟"最初只是作为一种假设而不是被证实的事实。我认为，在对差距假设进行充分检验之前，必须首先对它的陈述进行一些重要的修改。

①它应该讨论传播所带来的态度及公开行为的效果,而不仅仅是"知识"本身。因此,我建议将其称为"传播效果沟"假说。

②假设不应仅限于大众传媒,还应包括人际传播的不同效果,以及大众传媒和人际传播的共同效果,就像社会网络分析所测定的那样。

③不一定只有两类接受者,也不一定只能根据社会经济地位变量来发现差距。

过去对"传播效果沟"假说的研究,虽然以其开创性而闻名,但由于假设通常是分析二手数据,因此受到了一定的影响。理想情况下,为了测试"传播效果沟"假说,我们更倾向于:

①这些数据是在传播事件(如竞选活动)之前和之后通过实地实验收集的,而不是像过去那样有时主要使用一次性调查数据的相关分析。

②"之后"的数据应该及时地在重要的时间节点收集以判断知识差距是否只是一个短期的现象。

③在框架设计中应该包括一个控制组,以消除其他(而不是传播)原因导致的差距扩大的影响。

④对连接不同类别受众的人际传播渠道进行检测和社交网络分析,以确定受众之间的这种相互联系在改变或放大所研究的主要传播事件的知识差距效应方面的作用。本质上,社交网络分析试图探索涓滴效应(trickle down)是否存在:从一个类别到另一个类别,以及何时发生了该效应。

罗杰斯认为这些方法之所以没有被使用可能是因为较高的成本以及更长的时间。但这种改进的研究可能能够揭示为什么"传播效果沟"会发生。

罗杰斯表示"传播效果沟"还需要更多的研究,"这项研究才刚刚开始。但至少我们已经开始意识到这种鸿沟并非不可避免"。

罗杰斯特别注重"实地实验"而不是"调查"。他建议"传播研究人员利用实地实验设计来研究发展问题,使研究转向发展项目"。

距离罗杰斯发表这篇文章已经过去了接近50年的时间,但是他的判断至今没有过时,依然散发着耀眼的光芒。罗杰斯对发展中国家的建议,通俗朴实,情真意切,充满着悲天悯人的情怀。

罗杰斯注意到在知沟研究中,不能仅仅关注"大众传播"视角;要有更多历时性的研究而不仅仅是切片式的静态观察;基于其创新扩散的实践研究,他特别建议关注"人际传播网络"的影响；他认为知沟研究的基础设定还应再修改以用来指导实践；知沟研究才刚刚开始，还需要更多的研究；他建议开展更多历时性的实践研究而不是蜻蜓点水似的调查等。

虽然罗杰斯的论述总体上还是建基于大众传播之上，但是长期关注创新扩散实践的他，也敏锐地发现了原始设定在指导实践时需要"修订"，并提示关注大众传播以外的视角。罗杰斯是在论述发展经济学的过程中，顺便论及了知沟现象，并没有进行专门的深入研究。只不过知沟假说整体来看，其实就是创新的知识在扩散的过程中出了我们认为的"问题"，因此它涵盖在创新扩散的议题里被论及也是一种必然。

罗杰斯 2004 年 10 月在美国新墨西哥州逝世，彼时我大三刚刚开学，开始着手准备跨专业考新闻传播学方向的研究生，对罗杰斯及其研究还一无所知。

三、个体情境的拓展：动机与阶层①

（一）主客观信息需求："你觉得冷"与"你妈觉得你冷"（1976）②

来自芬兰的索米宁（Suominen，搜索时发现这个姓氏字面意思就是"芬兰"）谈到了客观信息需求和主观信息需求的概念（图 1-6）。

作为一个中国人，我们可以很容易地理解这两个概念：简单来说，主观信息需求的意思就是"你觉得冷"，客观信息需求是"你妈觉得你冷"。

索米宁在调查中发现，当他们问人们需要什么信息，即他们认为大众传媒应该提供什么类型的信息时，得到的答案不是"时事""共同市场"或"越南"（此时越战刚刚结束，可能当时越战的关注度类似当下的乌克兰危机或者中东问题等）。大多数受访者希望得到更多有关他们日常生活中主要事项的信息：养老金、晚餐食谱以及在哪里接受时装设计培训等。主客观信息需求的冲突背后，隐藏着权力的身影，导致了物质和知识意义上的客观不平等。

---

①② SUOMINEN E. Who needs information and why [J] . Journal of communication，1976（3）：115-119.

What is News?

Who Needs Information and Why

by Elina Suominen

> *Concealment and mystification are seen*
> *as instruments of power rooted in the*
> *inequalities of society. Only the "pressure*
> *of reality" can restructure the social order*
> *and close the information gap.*

During the early 1970s, as a result of several studies of how much and what kind of information was known to the general population, Finnish researchers began to doubt that good communication was possible. For example, Nordenstreng (5) found that half of the Finnish population was unaware that laws are passed by Parliament. According to an earlier study by Nurminen (6), such terms as "Council of State" or "investment," as well as other words and phrases com-

图 1-6　索米宁《谁需要信息，为什么》论文截图

　　索米宁提出了一个在知沟弥合实践中非常重要的影响因素：不同信息在不同个体看来其重要性是不一样的，如何评估信息的重要性及亟需度，是进行知沟弥合实践的关键。

　　在评估信息的重要性和亟需度的过程中，不可避免地会受到价值观、阅历等各种因素的干扰。每个群体由于其视野所限，对信息重要性的排序也必然不同。在这里传播者与其受众之间存在着重要的差别，这种差别其实是知识占有差异的重要原因之一。

（二）"天花板效应"：艾特玛等人的扩展研究（1977）[①]

　　在知沟假说的扩展研究中，艾特玛（Ettema）等的研究因强调了个人情境视角的研究而更为著名。艾特玛等 1977 年在《传播研究》（*Communication Research*）杂志发表了一篇名为《缺陷、差异与上限：理解知沟的制约因素》

---

　　① ETTEMA J S, KLINE F G. Deficits, differences, and ceilings contingent conditions for understanding the knowledge gap [J]. Communication research, 1977, 4 (2)：179-202.

("Deficits，Differences，and Ceilings：Contingent Conditions for Understanding the Knowledge Gap") 的论文，着重探讨与受众相关的因素（图 1 - 7）。

> This article focuses on audience-related factors such as ability, motivation, and media use as well as "ceiling effects" that act as contingent conditions for understanding the "knowledge gap." Ability deficits, individual differences, and ceiling effects, true or imposed, are examined to attempt a clarification of how knowledge gaps are widened or narrowed.

DEFICITS, DIFFERENCES, AND CEILINGS
Contingent Conditions for
Understanding the Knowledge Gap

JAMES S. ETTEMA
F. GERALD KLINE
University of Michigan

The knowledge gap hypothesis introduced into the mass communication literature in 1970 by Tichenor, Donohue, and Olien appears to have important implications for the use of the

图 1 - 7　艾特玛等《缺陷、差异与上限：理解知沟的制约因素》截图

　　艾特玛等首先对知沟扩大和缩小的原因进行重新审视。自 1970 年假说被提出以来，已经有不少新成果问世，包括各类结论互相打架的量化研究数据及基于直觉的知识差距解释。艾特玛等发现，同样是对高收入人群和低收入人群知沟变化的研究，蒂奇纳等人的后期研究与拉森等人的结论是相反的。来自发展中国家的知沟相关研究的数据也显示了差距缩小和扩大两方面的结果。因此艾特玛等认为在把知沟假说变成政府政策之前，有必要详细阐述甚至修改假说，要对扩大和缩小差距的因果力量有更充分的理解和认知。

　　艾特玛等回顾了经典假说对知沟成因的五个解释，并重点介绍了卡兹曼（Katzman）1974 年的一项相关研究。卡兹曼抛弃了社会经济地位论视角，把研究重点放在了个体能力差距上，探讨占有知识更多的人与占有知识较少的人之间，存在着哪些能力（动机）差距，如教育差异导致的沟通技能差异、个人固有知识差异导致的利用新信息的能力差异、经济资源差异导致的新传播技术使用的差异和使用信息资源的动机差异等。库克（Coke）等对

"芝麻街"的总结评估数据强调了社会经济地位高与低的孩子在媒介接触时长上的差异。吉诺瓦的研究表明观众对新闻事件的兴趣差异会产生知沟效应。

艾特玛等援引加洛韦（Galloway）的研究，关注到当重大的创新仅在小部分精英圈子里出现和讨论时，知沟就会变大，当讨论扩散出精英圈子，则知沟会缩小。他认为当研究的知识领域在一个同质（即小）社区中是显著的和矛盾尖锐的时，大众媒体信息更有可能缩小知识差距。显著性和冲突效应归因于在社会各阶层获取知识的动机均等化，而同质效应归因于阶层间差异的减少，导致阶层间对信息的人际讨论增加。艾特玛等认为加洛韦在"强调社会接触因素"的作用，如果我们抛开大众传播视角，可以发现，加洛韦的研究表明人际和组织传播的渠道对知沟的影响巨大，不容忽视。

艾特玛等强调了知识的"天花板效应"，援引新木（Shingi）和莫迪（Mody）的研究（即前面罗杰斯论文里提到的那篇论文），认为信息贫乏的农民赶上信息丰富的农民可能是因为信息越丰富的农民就越会遇到"天花板效应"。卡兹曼和加洛韦也有类似的观点，好比衡量知识差距的标准（即丈夫和妻子书写自己名字的能力）有一个内在的上限（即成功书写自己的名字），超过这一上限就不能衡量变化。艾特玛等后面用了一整节的内容探讨了"天花板效应"的三个可能。

艾特玛等认为早期关于知沟现象原因的解释集中在两点：一是与受众相关的因素，如能力（如沟通技巧）、动机和媒体行为（如媒介接触时长），这被认为是差距扩大的原因；二是信息相关的上限效应，这被认为是差距缩小的原因。

艾特玛等认为尽管不少研究的分析是基于直观的推导和事后的解释，但这些分析包含了一些有价值的见解，它们试图分离出那些应在更完整、更准确的知沟假说陈述中具体说明的条件。艾特玛等选择了"受众因素"和"天花板效应"两点进行重点阐述。

艾特玛等注意到教育学、发展心理学、贫困研究等不同学科领域的相关受众研究，其中包括差异解释和缺陷解释。缺陷解释认为个人生存的社会环境造成了人与人之间难以弥补的能力差距，研究者分析了贫困儿童的语言学特性并得出以上结论。科尔（Cole）和布鲁纳（Bruner）认为这种差距应该被表述为差异解释，是个体在不同环境和动机下的不同应对方式，也就是说他们认为这些表现出来的能力差距是可以通过环境和动机的改变而弥补的。他们举了一个来自贫困社区的 8 岁孩子接受采访的例子，他在正式、陌生的采访环境中和熟悉、宽松的采访环境中表现差异巨大。有学者还对比了利米亚农民和耶鲁大学学生在估算大米体积与其他更复杂测量任务的能力差异，以证明相关能力是对环境的适应和受动机的影响。

总体看，缺陷解释、差异解释这些略显晦涩的名词和理论仍然是根植于社会经济地位视角的理论，其列举的典型案例都早早进行了社会经济地位的设定，8 岁孩子来自贫困社区，利比亚农民相比于耶鲁大学学生，这类案例显得如此极端，原因显然是职业设定背后的经济社会地位视角。因此其得出的结论——不管内容具体是什么——严格来说都是对社会经济地位视角理论的论证与修补，因为这些论证没有能够屏蔽掉这个视角。只有两个贫困社区的 8 岁孩子之间，或者两个利比亚农民之间进行比较，才有可能屏蔽掉社会经济地位视角。

因此艾特玛等援引的研究，是在社会经济地位论的视角下得出结论的，正如艾特玛自己所阐述的那样，其结论是对经典"知沟"假说的修补，是社会经济地位视角下个人能动因素的耙梳。

艾特玛等接下来论证了经典理论与实践结果背道而驰的原因。因为强调缺乏技能作为知识差距现象的解释，就会导致预测差距总是扩大，永远不会缩小，从而与实践观察结果不符。如果强调知识的有用性与获取知识的动力，则可以解释实践观察中社会经济地位较低的人与较高的人之间差距缩小的现象。

因此艾特玛等认为知识差距的本质可能取决于受众和知识之间的纽带——个体动机差异和（或）知识对个体的实用性差异。在此基础上艾特玛等重构了"知沟"假说：

随着大众媒体注入社会系统的信息的增加，有动机获取信息和（或）信息对其有用的人群往往比那些没有动机获取信息或信息对其没有作用的人群获得信息的速度更快，因此这些部分之间的知识差距往往会增加而不是减少。

艾特玛等用跨情境缺陷解释和差异解释重新解读与批判了之前相关研究案例，认为沟通技巧的差异等跨情境缺陷解释可以解答知沟扩大，但是不能解释知沟缩小。社会经济地位高的人和社会经济地位低的人之间知沟差距变大，也可能是因为社会经济地位低的人没有动力从特定知识领域（如公共事务）获取信息，或者发现信息在自身的环境中不起作用。艾特玛等援引库克芝麻街研究的相关数据，认为曝光率和（或）留存率的差异有可能是动机的差异导致的。对认为是社会接触差异导致知沟扩大的论调，艾特玛等援引加洛韦的研究表示，人际交往不太可能跨越社会阶层，每个阶层的人都会结合自身环境和背景定义应该讨论什么。社会交往中的人际讨论成为将动机、功用、知识获取联系起来的中介变量。

艾特玛等认为过去缺乏动力阻碍了知识获取，这个知识基础影响了当下获取知识，这可能是一个跨情境缺陷解释的干预变量。例如，缺乏对专业术语的理解会阻碍学习，过去缺乏处理传入信息所必需的认知图式会使进一步的学习变得不可能。从另一个方面看，缺乏基础知识也是部分人动机得以加强的原因，研究显示在计划生育知识方面，那些认为自己落后于同侪的青少年比那些自认为领先于同侪的青少年从大众媒体信息中学到了更多的东西。艾特玛等认为关于已掌握知识作用的研究并不是互斥的，在不同的情境下已掌握的知识起到了不同的效果。

艾特玛等援引吉诺瓦（Genova）的研究表明，部分受众对知识领域的兴趣差异（或该知识的火爆程度）可能会在更多和更少感兴趣的人之间产生知识差距。艾特玛等援引了数个关于挪威电视普及的研究，发现挪威北部三省引入电视后，受教育程度低的人群知识增长幅度较大，这可能是"天花板效应"的原因。另一项同时期的研究显示，由于工党在工人中间开展了密集的基层活动，使其获得了更多来自受教育水平较低选民的选票。艾特玛等认为挪威工党在工人中间开展的基层政治活动可能是投票转变和受教育程度较低人群获取信息动机增加的先决条件。

为进一步证明差异解释，艾特玛等对数据进行再分析，结果显示，父母受小学教育的孩子公民知识与学生所上公民课程数量之间的关系最强，父母受高中教育的孩子公民知识与学生所上公民课程数量之间的关系最弱，表明受教育程度较低的人的孩子，其更有动力从课程中获取信息，验证了最初的设想。

艾特玛等在研究中重点探讨的第二个问题是"天花板效应"，他们认为在之前的研究中，存在三种类型的"天花板"：一是实证研究中由测量工具设定偏差导致的知沟缩小现象；二是受众自认为的"天花板"，当他认为自己已经拥有了足够多的信息之后，没有动力去获取更多的信息；三是研究设定了一个很窄的知识范围，可以使受众比较容易地完成知沟弥合的任务。

艾特玛等对"天花板效应"的讨论，实际上是知识定义的内涵和外延不清晰导致的。

知识——至少在理论推理中——不应该是一个忽大忽小的概念，更不能在各个具体领域流窜，否则讨论的基础都没有了。因为知识的概念是整个知沟理论的基石，只有在基础概念上达成一致，才能继续开展讨论，否则只能陷入各说各话。

另外，知识差距是一个客观的现象，主体认为自己没有差距不能掩盖实际上有差距的事实，实际上认为知识应该由被验证主体自行确定定义的想法，将会使整个讨论失去意义。

艾特玛等最后对研究进行了总结。艾特玛等认为要讨论知沟是扩大还是缩小，必须考察受众动机及该知识对不同社会阶层受众的实用程度，还要考察知识的上限。艾特玛等认为要发展知沟理论，要考虑三种可能的因果因素：一是跨情境缺陷（例如，缺乏沟通技巧），二是获取所研究信息的动机分布的差异和（或）该信息对不同社会阶层的功能程度，三是区分两种理论上重要类型的"天花板"（强加的和真正的"天花板"）。他们认为这三个参数在评估知沟现象时必须考虑进去，认为研究需要建立这些参数的现实情况，然后估计它们在各种信息、知识领域和社会系统中的价值。

总体上看，艾特玛等的基础视角仍然是"社会经济地位论"。学界广泛认为艾特玛等开创了与宏观视角相对立的微观个体情境视角。这么说并没有什么问题，但是应该强调宏观视角和微观视角都是基于社会经济地位设定的。艾特玛等对其他研究的援引和重新阐释，也都是在社会经济地位被设定和强调的前提下。严格来说，艾特玛等的研究并不能算是与宏观视角对立的假说，只不过是在原有基础上增加了受众角度的分析，从个体情境角度对经典假说进行了修整与完善。

此外，艾特玛等扩大了知沟理论的研究范围，并试图在新的扩大的研究领域里重构知沟理论。艾特玛等为知沟假说打了好几个补丁，例如"天花板效应""跨情境缺陷解释""差异解释"等。在打补丁的过程中，其同时打破了经典理论的第二根承重柱——知识的定义。在艾特玛等的研究中，知识没有清晰的内涵和外延。

（三）诺瓦克与"传播潜力"（1977）[①]

瑞典学者诺瓦克（Kjell Nowak）1977 年在《传播学刊》（*Journal of Communication*）发表了一篇名为《从信息沟到传播潜力》（"From Information Gaps to Communication Potential"）的论文，对知沟的形成作了详尽分析。

诺瓦克提出用"传播沟"代替"信息沟"，因为"传播是一个包括信息的取与给的双向的过程"。他把传播者与受传者、社会体制和个体因素这两组关系作了系统的审视。考虑到罗杰斯的相关研究比之早一年发表，诺瓦克有可能受到了罗杰斯研究的影响。

诺瓦克关注到大众传媒传播的内容与社会经济地位较低的群体的需求有较大差距，他认为原因在于传播者的职业理念、价值观和媒介体制与低社会经济地位群体的需求存在着很大的差距，他从西方新闻事业的性质出发来寻找媒体无法满足受众，尤其是低社会经济地位群体信息需求的根源：

①当前西方职业化、专业化和强调新闻报道质量的职业理念使得新闻报道的内容、表达形式都不利于社会经济地位低的群体对新闻信息的理解。

②西方新闻工作者与低社会经济地位群体之间在社会和文化背景上存在着巨大的身份差异，新闻工作者本身就是中产阶级的一分子，这也构成了双方理解上的障碍。

③最重要的是，职业价值和实践使西方新闻工作者对受众的信息需求并不一定感兴趣，他们更关注自己的工作表现和节目的收视率。

④西方大型新闻媒介所提供的大部分信息与普通人的生活离得太远，因为统治者精英操纵了新闻的选择，新闻选择反映并强化了主流意识形态，与被统治者之间产生了隔阂，这是新闻政策或体制的问题。

在受众层面，诺瓦克提出了"传播潜力"这一概念，对受众方面影响知沟形成的自变量作了一个多层次的整合。他认为个人"传播潜力"取决于以下三种特性或资源：

①个人特性。个人除了先天和后天的能力外，还具有在传播、知识、态度及个性特征方面的潜力。

②取决于个人社会地位的特性。这种地位包括收入、教育、年龄和性别等方面的变量。

---

① 丁未.社会结构与媒介效果："知沟"现象研究［M］.上海：复旦大学出版社，2003：47-51.

　　③个人所处的社会结构的特性。一个重要的因素是个人的首属群体（如家庭、工作团体）和他的次级群体（如俱乐部、协会、学校、组织）在传播时所起的作用。

　　诺瓦克认为，在这三种因素的构成中，人的社会地位和生活境况是造成传播沟的首要原因，个体在媒介使用中的动机与兴趣实际上与其社会经济地位有关。

　　一方面，他指出那些社会地位低、为家庭经济状况担忧的人，他们的生活处境"无疑使他们对生活中的头等大事有自己的理解与期待，而且从心理、社会和实践的角度看，他们的境况与他们对什么样的知识最有用或最有帮助的想法直接相关"。丁未阐释说，诺瓦克言下之意是人的社会经济地位在很大程度上决定了其寻求信息的动机及其对信息功用的理解，那些生活在社会底层的人可能只关心生活中最迫切需要的信息而无心他顾。

　　另一方面，诺瓦克认为，社会经济地位低的群体在日常传播活动中面临的最大问题往往是找不到自己的定位——在主观信息需求方面不知道自己真正想要什么，什么样的信息能够改善他们的生活境况并有助于个人的发展，他们在媒介使用类型、媒介内容偏好、对媒介内容的理解、家庭内传播模式和取向等方面多有欠缺。由于社会经济地位较低群体在信息寻求过程中常常处于消极被动的状态，加上大众媒介本身对社会经济地位较低群体的实际需求不够了解，媒介使用的术语对这部分群体又相对"陌生化"，于是就造成了客观信息需求与主观信息需求之间持久的鸿沟。

（四）吉诺瓦的动机与知沟研究（1979）[①]

　　吉诺瓦（Genova）探讨了动机与知沟的关系。研究者采用结构化访谈的方法，在相隔10天的两个时间点对成人进行了小组调查，分别测量了被试者对1974年8月两个广为报道的新闻事件的兴趣和了解程度——其中一个是全国橄榄球联盟罢工事件，另外一个是尼克松弹劾案。这是两个不同领域的选题，并且能够在整个调研期间保持热度。

　　作者研究后认为，与教育等社会经济因素相比，对正在发生的新闻事件的特殊兴趣可以产生对公共信息获取更敏感的期望。因此研究者建议对大众需要

　　① GENOVA B K L, GREENBERG B S. Interests in news and the knowledge gap [J]. Public opinion quarterly, 1979 (1): 79-91.

的信息进行兴趣评估,并将研究结果与对象的兴趣做必要链接,通过这种方式来测定是否实现了更大范围的知识传播。研究者还认为要注意知识可以分为事实性知识和结构性知识,因此对知识传播的测定应更多关注与公共事件发展相关的过程和结构组成部分。

作者认为研究应该重点考虑是什么原因导致受众亚群对新闻事件产生了自我利益和(或)社会利益。利益造成了知识差距,而由此导致的知识分配不均又进一步加剧了公共事务专业知识的专业化。

该研究仍是从大众传播的角度,采用经典知沟研究的知识定义,来探讨和研究知沟形成的。但是研究有一个有意思的地方,就是几乎完全抛弃了社会经济地位论视角,而且这种抛弃是无意识的——作者并没有有意地规避社会经济地位论,只不过是因为经典研究把社会经济地位论等同于受教育水平,而作者在研究中发现教育的相关性还不如兴趣的相关性,因此强调了兴趣的重要性,可以说是无意地抛弃了知沟的基础设定。

如果从逻辑上分析,兴趣与受教育程度、社会经济地位也是在某些方面有关系,在某些方面没关系。例如,每个人都喜欢听笑话,但是有些人喜欢听粗俗一点的,有些人则喜欢文雅一点的,那么这两类人到底有没有共同的兴趣呢?是的,这仍然取决于我们的基础框架,也就是关键概念的定义。

(五)德温的"受众中心论"(1980)①

1980年美国学者德温(Brenda Dervin)在《传播科学的进展》第2卷里发表了一篇论文《传播沟与不平等:走向新概念》("Communication Gaps and Inequities:Moving Toward a Reconceptualization")来探讨"知沟"假说。

根据我个人的搜索,这个所谓的《传播科学的进展》杂志疑似德温自己主编的一个论文辑刊或不定期出版的论文集,我没有能够找到原文献。以下引自丁未老师的综述。

在德温看来,美国的大众传播研究20年来(1950—1970)都采用了传统的以传播者为中心的传播研究模式,这种模式不考虑接收者的需求,以讯息的到达作为衡量媒介效果的标准,接收者没有收到讯息就是接收者自己的问题,德温认为这是一种"指责受害者综合症"。

德温认为"知沟"及所有关于传播不平等现象的研究也均在这个传统的框

---

① 丁未.社会结构与媒介效果:"知沟"现象研究[M].上海:复旦大学出版社,2003:43-45.

架内进行，研究者实际上是把"绝对信息"这一观念强加在受访者身上。这种绝对信息或者是由研究人员臆想而来——"许多社会科学建立在收集那些要求人们关心并从中发现意义，但与人们的生活毫不相关的虚构的数据基础上"。或者以研究人员的价值观为取向——"大多数情况下，这类受到测量的关于公共事件的认知在研究者看来颇为重要，但不管事件是否与广大公众有关"。由于没有考虑接收者的主观信息需求与具体的使用，所以才出现所谓的信息贫困者群体，这种思维定势显然无法解释一些矛盾的实证结果。德温认为知沟研究"与其说是一种现实，不如说是一种假想"。

德温打算从知沟研究的"起源和逻辑基础"来审视这一问题。德温强调信息的使用是一种建构的过程，它是由个人观察得来的，必然受个体心理感知的局限，受时间、空间及变化的制约。人类传播行为"不能只当作接收者抓住信源抛出来的讯息的被动过程，信息的使用在本质上是一个创造性的过程"。德温认为后期知沟研究关注到接收者个体心理、时空关系及变化等情境因素，"因为有了关于个体与环境之间复杂的互动关系，就能相对合理地、更明确地看待个体在特定条件下的意义建构"。

中国学者丁未和美国学者加齐亚诺对德温的设定都不太认同。丁未认为德温对知沟的理解走到了极端，变成了个体的认知沟。加齐亚诺认为这是一种机械个人主义的、完全受情境影响的知沟现象解释，而且它指涉人类所有的信息加工过程，不单单是大众传播。

德温朝着正确揭示知沟现象走出了重要一步。首先，他注意到传受双方对知识的定义并不一样，这与前面研究者的批判大同小异，学者们很快都意识到了知识的范围需要被重视和研究。其次，他注意到不能仅在大众传播学的范畴内开展知沟研究，他引入了心理学的相关研究，并注意到环境的影响。其实这正是他意识到了传播学的框架不足以全面解释知沟现象。

（六）教育程度与知沟（1990）[①]

由于阿拉伯石油输出国家组织 20 世纪六七十年代对西方国家的石油禁运，导致西方国家出现了普遍的能源危机，能源相关信息的传播引起了研究者的重视。格里芬（Robert J. Griffin）就 20 世纪 80 年代的能源问题做了实证研究。

---

① GRIFFIN R J. Energy in the eighties: education, communication, and the knowledge gap [J]. Journalism quarterly，1990，67（3）：554-566.

格里芬发现："从 1981 年到 1982 年，受教育程度较高的社区成员获得能源问题知识的速度快于受教育程度较低的社区成员，从而产生了知识差距。""收入、年龄、住宅年龄和居民人数等人口统计学变量并没有表明自我利益会促使能源问题知识的增长。相反，那些受教育程度较低、经济条件较差、年龄较大、住宅较旧的人，简而言之，那些可以从能源状况信息中获益最多的人，在研究的中间几年出现了额外的信息赤字。未来的研究项目和信息宣传活动应该对这种可能性保持敏感。也有可能是教育程度较低、收入较低和年长的人感到他们的能力受到了最大的限制，因而没有动力去获取能源信息。"另外还有一些不同媒体（报纸和电视）在不同受教育程度的人群里的不同传播效果的讨论和结论，因同属于大众传播视角，不再赘述。

作者最后指出，总的来说，关于能源和其他复杂问题的信息宣传活动仍需要考虑到与教育及其他结构性变量相关的不同媒体使用模式和知识获取情况，这些情况往往反映出社会过程和差异。对于大众传媒信息的记忆效果，进一步研究受众信息处理能力和技术的影响是有必要的。

（七）激励与动机（1993）[①]

一项与健康相关的调查研究了动机与知沟的关系。作者首先综述了知沟研究的各个观点，认为知沟假说虽然得到了大量实证支持，但并不是所有的研究都发现了基于教育差异的知沟，也可能是基于动机和知识的显著性，有些研究认为如果一个社会系统的成员认为信息具有功能性，那么基于教育的知识差距就不太可能出现。作者认为既往研究确实表明，对信息的激励程度（突出性、功能性、关注度、兴趣等）越高，群体从社会系统中的信息流中平等受益的可能性就越大。

作者综述发现，动机（无论是被定义为 salience、interest、involvement 还是 functionality）可以克服教育，成为知识的决定因素。也就是说，无论教育水平如何，信息的相关性都会促使群体关注和获取信息。另一个基本假设是，教育主要与注意力和接触信息有关，而不是与信息处理技能的优势或缺陷有关（Ettema et al.，1977）。当然，正如 Tichenor 等（1980）所认为的，教

① VISWANATH K，KAHN E，FINNEGAN J R，et al. Motivation and the knowledge gap: effects of a campaign to reduce diet-related cancer risk ［J］. Communication research，1993，20（4）：546 - 563.

育可能确实首先提供了处理信息和感知信息相关性或功能性的技能。

总之，对于那些对信息感兴趣的人来说，也就是那些获取信息的动机更强烈的人来说，基于教育的知识差距应该更小，作者验证了两个假设：其一认为"在积极性较高的群体中，知识差距的可能性较小，并可能随着时间的推移而缩小"，其二认为"在积极性较低的群体中，知识差距更有可能存在，并可能随着时间的推移而扩大"。

作者随后对以上假设进行了验证。作者发现在两个群体的所有时间点上，受教育程度较高和较低的群体之间都存在知识差距。作者还发现，无论受教育程度如何，动机对自我选择群体的影响是使其总体知识水平高于动机较低的普通群体。例如，在膳食纤维知识方面，随着时间的推移，知识差距略有扩大，高学历群体的膳食纤维知识增长速度快于低学历群体。

作者认为，作为知识的决定因素，动机并没有压倒教育。问题不在于动机或教育，而在于动机和教育的共同作用对知识的影响。作者建议知沟弥合实践者应该重视提高获取信息动机的策略。

此外，调查人员很早以前就提出，让人们参与群体的策略可能会提高人们的积极性，特别是在社会经济相对贫困的情况下（Dervin et al.，1972）。这些方法并不能保证缩小知识差距，但至少可以减少阻碍知识和信息公平分配的传统社会障碍。

四、研究方法的探讨：层级、视角与内容

（一）宏观与微观的跨层级链接[①]

潘忠党等人认为知沟研究要尝试进行跨层级的研究。他们认为当前大众传播研究缺乏跨层级的整合，往往使用最常见的概念和方法，在特定级别内开展工作，很少超越其舒适区，现实的考虑限制了研究者的努力，使其无法"纵向"跨越不同层级，或"横向"考虑生产和消费，导致研究变成了一个个小圈子里的游戏。这一领域的发展不仅需要更广阔的横向视野，将大众传播视为一个从生产到消费的过程，而且需要纵向的多层次视角，将各种理论"地图"联系起来（图1-8）。

---

① PAN Z D，MCLEOD J M. Multilevel analysis in mass communication research [J]. Communication research，1991，18（2）：140-173.

ZHONGDANG PAN
JACK M. McLEOD

Multilevel Analysis in Mass Communication Research

This article presents an epistemological view of levels of analysis. According to this view, four types of relationships need to be differentiated: macro-macro, macro-micro, micro-micro, and micro-macro. The two within-level relationships are linked by the two cross-level relationships that, in turn, are explicated by various theories of organizational, institutional, and social processes. Mass communication is thus conceived of as a process from production to consumption that occurs at both micro-individual and macro-social levels. The contributions of this multilevel view of mass communications to theoretical development in the field is illustrated by analyzing three prominent theories in our field: the knowledge gap, cultivation, and the spiral of silence. Finally, the article discusses the available research techniques and strategies for dealing with multilevel research questions.

图 1 - 8　潘忠党等《大众传播研究中的多层次分析》论文截图

潘忠党等援引孔德等人的观点，认为各学科之间是一种纵向排序的结构，物理学比生物学更底层也更普遍，因此它排在生物学的下面对生物学形成全面的笼罩，而生物学又比社会科学定律更普遍——除非"人们能在社会科学中找到任何定律"。而高筑城墙各自为战的做法使得跨层次的理解和交流变得更加困难。

研究者梳理了大众传播研究中不同的分析层次分类，例如，自然层次的"原子-分子-细胞"模型（Paisley，1984），四种不同的传播形式（Chaffee et al.，1987），或三种主要的社会和行为理论，如社会系统理论、微观社会理论和认知/生理学理论（McLeod et al.，1987）等。

研究者建议在进行理论阐释时要考虑三个因素：首先，研究层级的概念是否对应该层级的整体属性，例如，媒体组织可以从所有权（私有制与国有制）、组织目标（商业组织与公共服务组织）等方面进行描述。这些属性并非基于对组织内个人或特定分支机构的衡量，而是通过将每个组织作为一个整体来衡量。其次，要考虑相应层级的特别时间框架，例如，当我们研究个体时，合适的时间框架可能是实足年龄。当我们研究一个媒体组织时，我们可能需要使用时间单位，如投资回报周期、节目季等。我们没有理由假设这些时间单位与成员的衰老或他们的生命周期相一致。一家媒体机构并不一定会因为员工变老或被解雇而改变。最后，是否存在理论上独特的机制，可以在不同的概念之间建立联系。例如，对个人意见变化的解释可能诉诸学习和信息处理等机制，但对媒体组织的生产力的解释可能需要诸如管理风格、组织内部沟通、与赞助方的组织间关系，以及诸如资本流动等因素。明确各层次的理论机制是实现逻辑连贯的关键。当主要的理论机制在个人层面被确定时（例如：启动，分类，原型），相应的理论必须要求微观层面的分析。研究认为任何传播过程都与个人息息相关，而所有个人大众传播行为都是在社会、文化、制度和组织背景下进行的。

对大众传播研究如何实现跨层次链接，作者提供了五个维度：一是单向性和双向性，二是直接影响还是内化，三是以个人为中心还是以社会为中心，四是共谋理论还是制约理论，五是静态还是动态。

多层次视角将大众传播视为一个过程，既包括以媒体内容为纽带的媒体生产和消费的横向关系，又包括通过社会和组织机制实现的宏观和微观概念的纵向联系。其中有两个宏观过程（组织和制度关系背景下的媒体生产，以及媒体对社会变革和稳定的影响）和两个微观过程（媒体专业人员的决策和生产行为，以及受众个人处理媒体刺激并形成认知、情感和行为反应）。

研究者认为这种多层次的大众传播过程框架对大众传播理论的构建有两方面的影响。首先，大众传播理论必须明确表达关于媒体内容生产和消费的命题或假设。其次，所有大众传播理论，无论其分析单位如何，都包含了关于社会和个人如何运作的已阐明或未阐明的命题。它们涉及关于社会结构、社会动态和社会进程的某些假设，以及关于人们如何处理信息和学习的假设。

研究者利用自己的分析框架分析了知沟理论。其认为一些跨层次的联系可能有助于将两个内部层次联系起来：微观的个人层次的学习过程和宏观的信息控制与分配过程。

在生产层面，可以从社区结构分析中得出一个关键的微观-宏观命题，该命题关注社区权力结构与个体编辑之间的关系。我们可以假设，编辑所在的社会结构位置、新闻版面大小以及社区冲突等因素限制了编辑的行为。理论上，编辑的认知过程可能调和这些约束，这一分析可能揭示，个体编辑内化的专业价值观、行为准则及其对问题的认知，在其中起到了调解作用。

在消费层面，可以明确两种关键的跨层次联系。一种是社区结构特征与人际交往的程度和模式之间的关系。例如，在高度多元化的社区中可能会观察到更多同阶层间的人际交流现象；而在高度同质化的社区中，人际交往可能较少受到社会壁垒的限制。争议在相对同质化的社区中可能会导致对共同利益更好的认识，但在极为多元化的社区中，则可能导致群体的分化和对立。因此，对于某一议题的争议可能会导致在同质化社区与多元化社区中形成不同的人际交往模式。

另一种跨层次联动关系是个体知识获取与群体层面知识分布之间的关系。在一个原本就存在知识分布不均的人群中，要弥合这种知识差距，就需要那些最初位于知识分布较低端的个体以更快的知识增长速度来实现。

将这一领域的微观和宏观研究进一步结合起来，也有助于推进对知识分布与社会变革和稳定条件之间关系的理论思考。更具体地说，多层次视角引导我们关注以下三个方面跨层次联系：一是媒体市场的特征、媒体的可及性与个人使用媒体的多样性之间的关系，二是个人知识水平的变化与有效社会和政治参与的分布之间的关系，三是知识差距的扩大或缩小对个人进一步寻求信息和学习的影响。

作者认为知沟理论需要在四个方面做出进一步的说明：一是制定记者决策过程的精确微观机制，二是就记者职业实践的制度、组织和社会约束提出可检验的假设，三是研究个人获取舆论环境外部线索、对舆论环境做出判断以及决定是否公开表达意见的认知过程，四是研究从微观个人意见到宏观公众意见的多重微观-宏观过程。

潘忠党等在结构上为"知沟"研究的深入提出了具有前瞻性的框架建议，他对"知沟"研究的高屋建瓴式的俯视令人印象深刻。潘忠党的相关研究深深影响了国内系统研究"知沟"假说的第一人丁未。在丁未的研究中，也是把"知沟"假说划分为宏观和微观两个层次分别进行考察的。在丁未《社会结构与媒介效果——"知沟"现象研究》一书的后记中，丁未称潘忠党为其"提供了大部分知沟研究的文献资料"。

（二）"社会经济地位论"的实证研究（1994）①

道格拉斯·麦克劳德等 1994 年在《新闻学季刊》（*Journalism Quarterly*）

---

① MCLEOD D M, PERSE E M. Direct and indirect effects of socioeconomic status on public affairs knowledge [J] . Journalism quarterly, 1994（2）：433 - 442.

发表论文《社会经济地位在公共事务知识摄取上的直接和间接影响》（"Direct and Indirect Effects of Socioeconomic Status on Public Affairs Knowledge"），捍卫"社会经济地位论"的视角。

作者认为："对公共事务知识的研究通常是出于对平等和社会流动性的关注。资源的公平分配和个人提升社会地位等级的能力是民主社会的重要价值观。此类研究的内在假设是知识和信息转化为社会权力；知识的不平等导致社会权力和地位的不平等。"作者建构了一个路径分析模型，以研究社会经济地位（SES）、感知效用（perceived utility）、媒体使用和公共事务知识之间的关系。

作者在综述既往研究时说，人们认为不同的信息是有用的，并从不同类型的信息中获得回报。某些类型信息的可感知效用可能会导致高社会经济地位群体和低社会经济地位群体在公共事务知识量上的差异。鉴于既往研究往往迫使受访者回答得过于抽象从而导致无法得到有效的回应，作者采用了一些问题来测量与感知到的信息有用性密切相关的四个因素：政治关系、社区参与、感知到的有效性以及使用新闻的动机。既往研究表明社会经济地位与政治兴趣和社区参与度呈正相关。认为世界事务是可以理解的、有意义的、与自己的生活相关的，就会认为公共事务信息更有用。此外，有效的世界观，即认为自己能够对世界产生实际影响的观点，也会使人们对时事产生更大的兴趣。

随后作者进行了电话调查并使用数学模型分析了结果。结果正如作者所料，社会经济地位与感知效用、媒体使用和公共事务知识显著相关。社会经济地位与知识之间的间接联系源于其与政治兴趣（一个感知效用因素）的关系。此外，社会经济地位与阅读新闻报道呈正相关。报纸新闻使用与公共事务知识之间的显著联系使社会经济地位与知识又有了一种间接联系。

社会经济地位对公共事务知识也有直接影响。据推测，这种直接联系是通过本研究中没有测量的其他因素来实现的，如接触专业新闻媒体的机会、更强大的现有知识基础有助于获取新知识、与知识渊博的个人进行更广泛的人际交往以及认知处理技能的差异等。总之，本模型所确定的社会经济地位与公共事务知识之间的直接路径和众多间接联系重申了社会经济地位在解释公共事务知识水平方面的核心地位。

作者还发现所有感知效用因素都通过媒体使用与知识有间接联系。在使用报纸新闻的情况下，这导致了公共事务知识水平的提高。有证据表明，用于解释公共事务知识的两个因素之间存在密切关系：信息的可感知效用和新闻媒体的使用。作者还考察了两个阶层的人在报纸和电视上的媒体使用差异。最后，作者认为其分析有力地证明了社会经济地位是导致知识差异的核心因素这一观点。

（三）三种记忆层次（2014）[①]

韩国首尔梨花女子大学杨正爱（JungAe Yang）等对记忆层次进行了区分，她认为自由回忆（free recall）、理解（comprehension）、识别（recognition）是三种不同的记忆层次，自由回忆有强烈的教育效果（education effects），识别有强烈的媒体形式效果（media format effects），理解有强烈的教育和媒体形式交互效果（interaction effects between education and media format for comprehension）。

杨正爱考察了既往研究，认为辨认测试对记忆的要求较低，"并不能增强公民参与民主进程的能力"；诱导回忆测试则通过给被试者提示，要求其记录他们记忆的内容；自由回忆测试不给激活线索，而是通过测量信息在多大程度上被纳入工作记忆来评估信息处理的检索阶段。以上三种测试方式只有第三种的理解力测试才有助于"受众成为知情的公民"，鉴于"知沟研究是建立在知识能够增强能力的假设之上"，因此对知沟研究的实证测试应基于自由回忆测试展开。

杨正爱的结论有以下几点：一是高学历群体和低学历群体的新闻接触模式并无差别。二是在接触相同的情况下，高学历组在检索公共事务和娱乐新闻方面的表现优于低学历组。低教育程度组在报纸上对公共事务新闻的理解比在网络上更好，而高教育程度组在两种媒体上的表现相同。研究者得出结论是在考虑对问题的更深入理解的衡量标准上，公共事务知识差距的扩大与网络新闻的使用有关。

进一步的研究推论包括：与网络新闻形式相比，报纸使读者能够编码更多的信息，尤其是公共事务方面的信息；高学历与高水平的新闻主题检索相关联；新闻媒体用户对相同信息的理解能力，印刷版新闻媒体优于网络版新闻媒体。不同的知识获取测量方法得出的不同结果表明，知识（及其获取）的可操作性和测量方法对于了解公民如何从新闻媒体中学习至关重要。

该研究基于大众传播视角，考察了不同教育程度的被试者在两种不同的知

---

① YANG J，GRABE M E. At the intersection of the digital divide and the knowledge gap：do knowledge domains and measures matter？［J］. The information society：an international journal，2014（10）：310－322.

识（可以粗略理解为较难的知识与较简单的知识）在不同记忆层次的测试下的表现，并做了进一步的推论。这是对知沟实证研究的修补。

（四）组织传播视角（2002）①

2002 年，论文发表时任职利物浦约翰摩尔斯大学的保罗·伊尔斯和莫里斯·尤利斯，从"组织传播"的角度，在《国际人力资源开发》（*Human Resource Development International*）杂志刊发《跨越鸿沟：人力资源开发、技术中介和知识迁移在弥合中小企业和大学之间的知识差距中的作用研究》（"Across the great divide：HRD，technology translation，and knowledge migration in bridging the knowledge gap between SMEs and Universities"），探讨了知沟的弥合问题。

论文开篇就令人印象深刻地综述道："人们日益认识到，知识是组织的关键资产，知识的创造、传播和应用是竞争优势的重要来源。""正是人与人之间的知识创造和转移导致了其他组成部分的增长，并增加了价值"，而要做到这一点需要综合运用各种核心技能和能力，包括"创建和维护有利于组织、团队和个人学习以及共享知识和信息的组织结构与文化"。

作者介绍了一个在中小企业与大学、研究机构、大公司之间搭建知识迁移平台的项目，目标是将后者的前沿知识或成熟做法更便捷地传授给前者。作者期望能够建立一个知识迁移的概念模型。

作者对知识做了一个综述。知识是"框架经验、价值观、背景信息和专家洞察力的混合体"。在有关专业知识的心理学和教育学研究中，研究人员通常将陈述性知识（知道"是"）与程序性知识（知道"如何"）和条件性知识（知道"何时何地"或"在什么条件下"）区分开来。在基本知识维度的基础上，又增加了其他维度，如元认知或元知识维度（知道知道，或知道自己知道）和技能维度。此外，动机、自我洞察力、社会技能、社会认可以及成长和灵活性能力也是知识工作者专业发展和专业知识增长的重要调节因素。

作者讨论了知识的"社会认可"，包括知识如何被认可、由谁认可，以及在知识创造和转让过程中建立声誉和信誉的重要性等。

---

① LLES P，YOLLES M. Across the great divide：HRD，technology translation，and knowledge migration in bridging the knowledge gap between SMEs and universities [J] . Human resource development international，2002（1）：23－53.

作者认为，人力资源部门如果不想自己在 Boss 直聘、社交媒体招聘求职的风潮中被边缘化，就应该在知识管理领域做点事情，例如，如何建立一个良好的保障制度，以鼓励员工将自己身份和工作保障至关重要的知识"摆上货架"。作者强调，由于商品和服务之间的区别越来越不明显，因此知识管理的重要性与日俱增，对知识密集型企业来说，知识供应可能变得与劳动力供应一样重要，甚至比劳动力供应更重要，因此作者建议企业的人力资源部门在制定劳动合同时要注意把知识管理的内容加进来。（例如，所谓的"竞业限制条款"，约束员工辞职后一定时间内不得去同行业公司工作，应该就是人力资源部门在知识管理方面做出的"贡献"吧——站在老板的角度看。）

（五）内容复杂性与受众特征（1991）[①]

荷兰阿姆斯特丹自由大学（Vrije Universiteit Amsterdam）教授（现已退休）简·克莱尼延休斯（Jan Kleinnijenhuis）1991 年在《欧洲传播学杂志》（*European Journal of Communication*）发表了论文《新闻的复杂性和知沟》（"Newspaper Complexity and the Knowledge Gap"）。

他从大众传播的视角，援引了加齐亚诺的综述，认为"对'知沟'假说的测试并没能证明教育程度较低和教育程度较高的媒体用户之间现有的知识差距实际上是由媒体造成的，或者是由媒体扩大的"。也可能是由"受众天生的学习能力差异""问题的复杂程度""新闻的可读性和可见度"等导致的。

他设计了复杂的数学模型来验证这个猜想，认为："知识差距可以通过媒体特征［如新闻复杂性（news complexity）和新闻信息密度（news compactness)］与接收者特征（如教育水平）之间的相互作用来解释。受过高等教育的人从政治新闻中学习得更快。学习率不仅取决于读者的受教育程度，还取决于政治新闻的可读性和复杂性。即使受教育程度较低的人花大量时间阅读一份相当复杂的报纸，他们往往也不会从中获取多少信息。"对这个结论我深有同感——尤其是当我试图理解他的数学模型的时候。

当然我们也能很快注意到，他完全站在大众传播视角，对知识的定义是"新闻里的政治知识"，鉴于西方政体特征和既往经验，我们可以判断大约是"选举"相关的新闻信息。作者准确复原了经典"知沟"假说的基础设定，这

---

① KLEINNIJENHUIS J. Newspaper complexity and the knowledge gap ［J］. European journal of communication，1991（6)：499－522.

在"知沟"研究者里并不多见。这里的受教育程度与社会地位似乎是正相关，从行文中我们能感受到，但作者并没有明示。

五、小结：兼论加齐亚诺的最新综述（2016）[①]

加齐亚诺（Cecilie Gaziano）长期追踪知沟假说研究，先后多次对该研究进行综述梳理。她最新一次的梳理是 2016 年，她为《媒介效果国际百科全书》撰写了《知沟假说：历史与发展》（"Knowledge Gap：History and Development"），系统回顾了知沟研究的 50 年（图 1 - 9）。

Knowledge Gap: History and Development

CECILIE GAZIANO
Research Solutions, Minneapolis, USA

One of the earliest findings in mass communication research was that formal education and knowledge of science and public affairs are correlated. Tichenor, Donohue, and Olien (1970) systematically investigated this phenomenon with regard to mass media with their *knowledge gap hypothesis*: "As the infusion of mass media information into a social system increases, segments of the population with higher socioeconomic status tend to acquire this information at a faster rate than the lower-status segments, so that the gap in knowledge between these segments tends to increase rather than decrease" (pp. 159–160). These authors expected that the less advantaged would gain knowledge but that the more advantaged would gain more knowledge faster.

At one point in time knowledge differentials between higher and lower social segments for highly publicized subjects were expected to be relatively large, with those for less well publicized issues relatively small. Over time the relationship between education and knowledge was predicted to increase at a greater rate for topics that received high

图 1 - 9　加齐亚诺《知沟假说：历史与发展》截图

加齐亚诺首先强调了她 1997 年给知识下的定义"通过学习过程获得和记住的信息"，而知沟是"可学习数据的差异"。知识可以通过对问题的简单认识和深入了解来衡量，对于某个问题的认识可能不存在知识差距，但对于该主题的深入了解可能存在知识差距。

加齐亚诺梳理了视野中的 4 次知沟研究综述。1983 年加齐亚诺使用 12 个关键指标评述了 58 项知沟相关研究。这 12 个指标包括研究日期、地点、人口、样本量、完成率、设计、数据收集方法、主题类型（不限于科学或公共事

① GAZIANO C. Knowledge gap：history and development ［EB/OL］．（2016 - 07 - 08）［2024 - 02 - 26］．https：//onlinelibrary. wiley. com/doi/full/10. 1002/9781118783764. wbieme0041.

务）、知识的操作定义、研究的媒体类型、教育测量以及知沟的操作定义等。她注意到即使主题可能是受教育程度较低的人非常关心的问题，有时也会出现差距。不同研究之间人群类型、媒体宣传、曝光、使用、信息歧视和关注度的衡量标准差异很大，因此很难进行横向比较。总体而言，大多数在某个时间点进行的调查发现了知识不平等。随着时间推移进行的研究结果好坏参半。

维斯瓦纳特（Viswanath）和芬尼根（Finnegan）（1996）对过去25年研究的叙述性批判发现，至少有70项研究检验了知识差距假说，而且研究数量的增长速度有所加快。他们注意到了组织或群体在引发知沟方面的作用。知识的复杂性影响了差异的增长。主题的突出性和媒体持续高水平的宣传有助于缩小差距。维斯瓦纳特和芬尼根强调，上限效应很少能成为缩小差距的一个因素，因为知识不是静态的，常常随着新事实的出现而发生变化。电视因其广泛的可用性而可以成为一种知识均衡器，但有时当内容肤浅时，它可能会增加知识的差距。作者表示，需要更多地了解人际交往在差异中的作用，特别是在比较同质和多元社区时。多元化社区中的社会联系较弱，因此具有不同兴趣和专业知识的人之间可以进行交流；然而，更同质的社区中更紧密的联系和兴趣的同质性可能会限制学习新信息。

加齐亚诺1997年再次综述了知沟研究。她指出，美国日益扩大的贫富差距可能是造成知识差距的根本原因。对媒体宣传这一变量的研究关注不够。一些研究将媒体变量的测量范围扩大到报纸的复杂性、报纸的可读性和信息图表的复杂性，复杂的信息导致差距扩大，而简单的呈现导致差距缩小。即使一些问题是受教育程度较低的人所关心的基本问题，如面临某些健康问题和疾病的风险，知识差距也被发现。兴趣、显著性、注意力、参与度、动机以及与参考群体的相关性等变量可以帮助缩小知识差距。它们通常与社会经济地位有关，但并非总是如此。它们以多种方式被操作化，包括作为态度和行为变量，这使得它们很难在不同的研究中进行比较。家庭在幼儿依恋和社会化过程中的作用研究得太少，尽管有证据表明，最早的童年经历对于学习兴趣的发展很重要，并且与较低社会经济地位相关的因素可能会限制儿童的认知发展。

黄（Hwang）和郑（Jeong）使用了3个纳入标准对他们可以找到的知识差距研究进行了综合分析。第一，必须给出教育和知识水平之间的关系。这排除了通过其他变量（如收入或职业）衡量社会经济地位的研究，以及使用知识以外的因变量（如媒体使用情况）的研究。第二，必须报告适合综合分析的统计信息。未报告标准差或标准误差的研究被丢弃，没有相关系数的多元回归结果也被丢弃。第三，必须用英语写。符合要求的结果被转换为通用效应大小指标 r，用一个平均值代表每项研究。这些步骤对 46 项初步研究的 71 项独立效应大小进行了分析。二人报告称，知识和教育的平均相关系数为 28（$p <$ 0.001）。然后，作者将注意力转向 7 个调节变量：主题、地理环境、知识测量、出版状态、研究国家、抽样方法（随机或便利）和研究设计（调查或实验）。与社会政治或其他主题相比，健康和科学主题的相关性较小。本地主题的相关性最小，国际主题的相关性最大，国家范围的相关性介于两者之间。调查报告的差距往往比实验报告的差距更大。国家、抽样方法和设计并不重要。由于对各种媒体的研究太少，不同媒体无法进行比较。

全世界已就众多的知识主题开展了数百项研究，其中大多是公共事务、选举、科学和健康领域，包括流行病、自然灾害和公共卫生运动等。另外一些研究继续将这些发现应用于社区环境，并将其扩展到政治参与。实验研究试图找到可以改善消息构建和传播的条件。教育和动机都很重要。有时动机和兴趣与社会经济地位相关，但有时则不然。增加大众媒体的接触和使用可能会提高社会经济地位较低群体的知识水平。媒体如何定义和报道问题对于差距的形成或缩小至关重要。

新媒体的引入对于缩小知识差距既带来了希望，又带来了阻碍。当互联网的访问及其使用依赖于社会经济地位时，知识差异可能会增加。互联网融合了图像和印刷品。前者可能更容易解释，而后者可能更难以解码。互联网的差异化使用通常被称为数字鸿沟。即使获取机会增加，获取知识的其他障碍也可能不会减少。随着互联网接入日益普及，数字鸿沟可以更好地定义为有意义地使用信息和通信技术方面的不平等。随着学校计算机技能和信息搜索教学变得更加普遍，也许由互联网导致的知识不平等将会减少。

信念沟假说建立在两极分化政治气候背景下的知识差距假说的基础上。辛德曼（Hindman）将信仰视为因变量，将意识形态视为比教育更重要的解释变量。他将知识定义为无价值的、累积的、能够用客观的经验测量的。相比之下，信仰被定义为基于宗教、意识形态倾向和对某些精英的忠诚等价值体系对现实的信念。利益集团和政治精英在"定义什么算作知识、如何定义问题以及解决哪些问题"的权力上发生冲突。辛德曼认为"政治意识形态比教育更能预测政治争议信仰的分布"。

　　加齐亚诺特别关注文化差异和信仰，并提出以下假设：不同类型的群体可能以不同的方式评价不同类型的知识；一切知识都是信仰知识，甚至是科学知识；社会控制和知识的社会建构对于差距发展过程很重要。群体控制知识的能力各不相同，知识的社会建构及其解释本身往往就是社会控制的重要手段。

　　更多的研究应该关注信息环境和知识获取。知识的概念应该进一步细化和概念化。一次研究可以涉及不同种类的知识。例如，公共事务方面对氟化等问题的知识差距可能会缩小，而有关氟化的技术知识方面的差距可能会扩大。意识知识的差异可能正在缩小，而深度知识的差异正在增加。深度知识可能包括关键要素之间的关系：原因、问题参与者和解决方案等要素。研究可能需要衡量客观知识（更像教科书定义）和主观知识（可能用开放式问题来衡量）。评估可以包括自由回忆、辅助回忆或识别，以及理解。不同的媒体可以贡献不同类型的知识。不同类型的主题可能会导致差距扩大或缩小，特别是当涉及多个主题领域时，一些研究人员认为，高等教育和低学历群体在信息获取方面经历着不同的 S 曲线。

　　此外，可以开展更多工作来研究数据误解、信息流不准确、信息传播、信息回避对个人和群体造成的后果，特别是在健康和公共事务领域。可以更详细地探讨个人和集体在接收和处理信息方面的内部和外部障碍。随着时间的推移，知识不平等的变化还有更多的事情需要了解。除了社会经济地位之外，许多研究人员还担心基于年龄、种族、民族、性别和其他特征的差距。

　　健康仍然是主要的研究兴趣，部分原因是它与公共政策相关，部分原因是它是社会经济地位部门的组成部分。基本生活质量抑制了一些社会部门生存、养育健康儿童、维持完整家庭、维持工作能力和拥有社会权力的能力。信息活动的策划者更加关注定制信息并将其传播到不同的社会部门。

　　信息和社会环境逐渐变得更加碎片化，随之而来的鸿沟导致文化、意识形态、宗教和其他分歧的巩固和扩大。这些过程可能会使社会群体进一步分裂，并增加就什么是知识以及什么是社会和政治政策达成一致的难度。至少从 20 世纪 90 年代开始，社会科学家就一直在努力解决相关概念的定义，例如：什么是误解？什么是错误信息？它们可以通过准确信息的大众传播而改变吗？这些努力会适得其反吗？理性和非理性过程从何而来？为什么？当事实与他们坚定的信念相矛盾时，被误导的人会抵制事实吗？在什么条件下可以克服误解和错误信息？是解释差距还是解释那些没有得到足够学术关注的概念？不同的群体可能会以不同的方式感知其信仰框架的逻辑一致性。人们可能会以看似逻辑上与他们一致的方式使用事实，但对于具有不同价值观、个性或世界观的观察者来说不一定一致。学者们能否更加努力地理解他们常常认为是错误的想法？

最后，知识差距的成因需要协调一致的研究。造成知识和动机差异的过程似乎在生命的早期就开始了，并且通常与许多社会经济地位因素有关，特别是因为家庭所承受的压力和应对压力的资源往往在社会中分布不均。贫困限制了父母为孩子投入情感资源以及获取或使用资源来促进孩子发展的能力，并且阻碍了许多父母创造学习环境的能力。营养不良、健康状况差和住房条件差会加剧上述问题的产生。在认知联系形成的童年早期，这些条件似乎比青春期后期更具破坏性。

知识差距并非绝望的情况。即使存在知识差距，弱势群体也可能会学习对他们有利的信息。在对知识不平等进行研究的几十年里，我们在改善社区和社会的信息分配方面学到了很多东西。

总体来看，知沟相关研究成果在西方可谓蔚为大观，2023 年通过百度学术搜索，直接以"知沟"为题的文献竟多达 13 000 余篇。当然，绝大部分研究是基于社会经济地位论视角来考察大众传播在知沟形成过程中的作用。

第三节　国内"知沟"假说相关研究

国内"知沟"假说相关研究大概可分为三种方向。一是理论辨析类，是对理论的介绍、批判与发展，不涉及社会调查与分析。二是理论应用类，是对理论的实践检验、框架应用与更新等，研究主要基于社会调查进行。三是混合类，既有理论介绍与批判，又有大规模的实践检验与分析。

纵向考察研究史，可大致分为三个阶段。

一、早期评介（1992—2000 年）

CNKI 数据库最早涉及知沟理论的文章发表于 1992 年。上海复旦大学新闻系博士研究生吴永和撰写了《传播学及其效果分析之历史走向》。作者同时判断"该理论目前仍停留于实证研究，许多概念含糊不清，特别是其研究成果仍是若干零散的实证材料而未能形成完整的理论体系"。30 多年过去，其判断依然犀利。

吴永和的论文证明"信息革命"浪潮是知沟理论被引入的直接动因。他开篇就提到:"随着20世纪科学技术革命将人类引入'信息时代',以信息传播为研究对象的传播学取得了巨大成就……为了尽快缩小我们在这一学科与领先国家的差距,首先必须将当代传播学研究的情况在我国予以传播。"作者站在桅杆上眺望,有危机感也有责任感①。

CNKI数据库最早对知沟理论作系统介绍的是中国社会科学院新闻研究所单纯。他从美国学者观点和德国学者观点两个角度对知沟理论的演进作了介绍。在对该理论进行社会评估时,他首先指出知沟理论假设的明显缺点是"对知识并没有一个准确的定义",导致"判断'知识沟'是缩小还是扩大了都没有一个确定的客观标准"。其次,他认为各派学者对知沟理论假设的研究与修正"使我们看到了更多的制约新闻传播活动的因素"②。

郭庆光《传播学教程》对知沟理论的介绍使该理论得以广泛传播。杜中杰从20世纪60年代以来传播主流学派效果研究的转向来看待知沟理论的发展,他认为知沟理论的产生与修正标志着传播研究从"态度改变"转向从"认知"角度来研究传播效果,"开拓了效果研究的空间"③。

二、系统引介与实践(2001—2003年)

2000年以后,个人电脑开始走入更多的家庭,中国真正开始进入了大众的信息化革命阶段。网络巨大的威力带来的冲击让每一个有识之士忧心忡忡,类似"网络传播加剧知识沟扩散"的标题比比皆是,这段时期对知沟的探讨往往与网络密切相关,自带天然的悲悯气质。此时期以丁未的4篇文章及1部专著为代表,知沟理论进入了更多研究者的视野。

丁未是复旦大学传播学博士,是国内重要的知沟理论研究者。她翻译了知沟理论的开山之作,收录在张国良主编的《20世纪传播学经典文本》中。

丁未先后发表了4篇有关知沟的论文:

2001年丁未在《新闻大学》杂志发表《大众传播的社会结构与知识差异——明尼苏达小组早期知沟假设研究》,综述了经典知沟研究团队的早期知

---

① 吴永和. 传播学及其效果分析之历史走向 [J]. 江苏社会科学, 1992 (4): 122-126.
② 单纯. "知识沟"理论的演变及其社会意义 [J]. 社会科学, 1993 (4): 70-73.
③ 杜中杰. 试论六十年代以来传播主流学派效果研究的转向 [J]. 现代传播(北京广播学院学报), 2000 (8): 31-36.

沟研究，认为"结构性分析"是该团队知沟研究的最大特点，具有鲜明的批判色彩。她认为如果使用社会学工具分析媒介效果，则可以打破"有限效果论"的死胡同，开拓传播学的视野和领地①。

2001 年丁未及其导师张国良在《现代传播》杂志发表《网络传播中的"知沟"现象研究》，关注中国互联网大潮下的知识流动差异，认为网络的传播特性可能会加剧使用者与非使用者之间的知识鸿沟②。

2002 年 11 月，张国良、丁未在《新闻记者》杂志发表了《中国大众传播媒介与"知沟"现象初探——以上海和兰州为例》的论文，开展了"知沟"假说的实证研究。结论认为，经过 20 多年的改革开放，至少就大城市而言，中国东、西部在传播媒介设施方面的差距明显缩小。但不可忽视的是"知沟"仍广泛存在于各区域的强势群体和弱势群体之间。该研究认为原因主要是教育程度、收入和媒介接触。建议务必持续地大力发展经济；务必持续地重视教育和大众传播媒介的作用；急需大力发展网络——对发展中国家而言，它很可能成为一个强大的助推器；急需加强重大、重要信息（如中国加入 WTO）对国计民生之意义的（面向中、低阶层的）大众化、通俗化解释③。

2003 年丁未在《同济大学学报（社会科学版）》发表论文《西方"知沟假设"理论评析》，分别对社会结构视野和个体层面的"知沟"假设进行了理论评析，指出了经典研究在弥合实践上的无力；而个体层面的研究也"遮蔽了社会结构不平等可能带来的严重社会后果，忽略了知识与权力的关系问题，使知沟研究失去了其固有的批判性"。其认为应在实证研究中采用两个层次相结合的方法，充分认识到受众兼具的独特个体与社会行动者的双重身份，以实现跨层次联结的目标④。

2003 年，丁未的博士专著《社会结构与媒介效果——"知沟"现象研究》获得了上海市社会科学博士文库的资助，在复旦大学出版社出版。在该书中，丁未对"知沟"假说进行了全面的梳理，并结合中国社会的具体情况开展了多

①　丁未. 大众传播的社会结构与知识差异：明尼苏达小组早期知沟假设研究 [J]. 新闻大学，2001（4）：32－36.

②　丁未，张国良. 网络传播中的"知沟"现象研究 [J]. 现代传播，2001（6）：11－16.

③　张国良，丁未. 中国大众传播媒介与"知沟"现象初探：以上海和兰州为例 [J]. 新闻记者，2002（11）：37－39.

④　丁未. 西方"知沟假设"理论评析 [J]. 同济大学学报（社会科学版），2003，14（2）：107－112.

方向、多层次的实证研究。

在此，我想讲一个与这本书有关的故事。

我上学时网络购物还不发达，书往往要通过书店来订购。我在宿舍楼后一家书店里预订了这本书，并等了 10 天才收到。一位师兄在做知沟理论的落地研究，我向他推荐了这本书，他很喜欢，把我手上这本拿走了。但我还要用，于是又去书店预订了一本。

等两个星期后我再去拿书的时候，书店老板得意扬扬地问我："这书是不是考研指定的参考书？"不等我回复，他就接着说，"我这次拿了 5 本！就在那边，你去拿吧！"我顺着他的手势走过去，看到整整齐齐的 5 本在那里放着，等待考研学子们的惠顾……

这么多年过去，我一直对这位老板心存愧疚，感觉自己让他判断失误，进了这么多小众的书回来，什么时候才能卖完啊？但今晚（2024 年初）我搜了一下当当和孔夫子旧书网，这本原价 14 元的书最高已经涨到了近百元，少的也有四五十元。作为绝版书，价格可能还会继续上涨。这本书经受住了历史的淘洗，证明了它的价值，也不枉我毕业后搬了 20 多次家都没舍得丢。

丁未系统地引介了知沟理论之后，国内学界对知沟理论才算是有一个比较深入的认识。丁未复旦大学博士毕业以后，入职同济大学，后至深圳大学担任硕士生导师，继续活跃在新闻传播学术界，但没有再发表知沟相关论文。

北京外国语大学教师董晨宇是经典知沟研究团队成员蒂奇诺的学生，他从知识社会学的角度，考察了"知沟"假说的早期研究史。他认为"知沟"假说背后隐藏的重要意义在于，公共知识是社会变迁的一个重要组成部分，知识的落后隐喻着权力的丧失。如果"知沟"假说成立的话，那么就意味着大众媒体不但不能弥合不同社会群体之间在知识获取层面的不平等，反而会加剧这种不平等。

他考察了"知沟"研究历程中的综述性文献，认为这些综述都在尝试回答一个共同的问题："知沟"假说作为一项知识议题，是如何被制造、使用和升级的？但大部分综述性文献都趋向于强调一种新科学的进步性演变，其效果和功用更多是"范式的继承、推广和模仿，而非反思和批判"。

他考察了"知沟"假说出现前十年的论文作者单位分布，发现研究者主要集中在 6 所大学，均位于美国农业发达的北部，其中 5 所是美国赠地学院，包括创新扩散理论提出者罗杰斯也毕业于赠地学院，他认为是实践需求催生了传播学者对信息扩散及其后果的关注①。

自丁未始，至董晨宇止，个人认为关于"知沟"假说的系统引介似乎基本完成，国内外"知沟"假说研究者已经站上了同一起跑线。

三、批判与反思（2004—2008 年）

"知沟"假说被丁未系统引入国内后，首先迎来的不是验证与实践，反而是一波反思与批判。

胡献红 2003 年对北京和河南义马的网民做了比较分析，发现两地网民比例相差不大，进一步的调查数据显示，义马网民在网络使用模式等方面与北京并无明显鸿沟，研究者认为互联网在某些方面起到了弥合鸿沟的作用②。

2004 年，朱晓华、胡翼青认为消解和缩小"知识沟"是不能也没有必要去完成的任务。首先，只要存在着信息的生产和传播，则知沟就不会消失；其次，在知识和信息爆炸的今天，即使是某领域专家在其领域内，也很难一直追踪在最前沿，在这种情况下谈知沟的消弭是不可能的；再次，对知沟的消除只可能是局部和暂时的，而且容易陷入"技术乐观主义"的倾向；最后，量化研究对人复杂性研究不够深入的先天缺陷导致实证主义的调查很难观察和研究人复杂的动机、认知水平及兴趣爱好等，导致研究结果的简单化倾向③。

2004 年，王园园、刘纯明认为知识应定义为"个体在社会化的过程中习得的新的行事规则，新的思维方式，新的人际沟通手段，新的自我实现和发展的途径。通常指那些能影响一个人认知、态度、行为全过程或潜在于其中，最终左右或影响人们决策的大脑存储"。其研究认为知识构成了一个人的经验，是对往昔成败的自我总结和提炼，同时也构成了对未来的判断预测能力，其精度有赖于既成知识的客观性和弹性，也依赖于人的适时转变能力④。

2006 年，葛进平、章洁、方建移、张芹统一了被调查者的年龄和学历，

① 董晨宇.一项经典研究的诞生：知沟假说早期研究史的知识社会学考察［J］.国际新闻界，2017（11）：30 - 46.
② 胡献红.全球化背景下的"数字鸿沟"：北京、义马两地网民比较研究［J］.新闻与传播评论，2005（5）：220 - 230.
③ 朱晓华，胡翼青.对"数码沟"研究的质疑［J］.广播电视大学学报（哲学社会科学版），2004（5）：32 - 35.
④ 王园园，刘纯明."信息鸿沟"景观下个人知识与命运的互动关系［J］.新闻界，2004（10）：51 - 53.

考察常识类知识，得出浙江省城乡中学生之间不存在明显的"知沟"。该研究生动地证明了教育在弥合知识差距过程中所起的巨大作用①。

2008 年，杨孟尧的硕士毕业论文《"知沟"理论与知识占有差异研究》建议全面考察知识占有差异的各种内外因素，并试图重新阐释"知沟"假说②。

四、新航路的拓展（2009 年至今）

自 2006 年至 2023 年的 18 年间，浙江大学韦路及其研究团队长期追踪"知沟"假说，在国内期刊先后发表了 10 篇"知沟"直接相关的理论与实证论文。

2005 年，其时还在美国华盛顿州立大学默罗传播学院读博的韦路与武汉大学博士研究生张明新合著了论文《第三道数字鸿沟：互联网上的知识沟》并发表在美国中西部舆论研究年会上。次年该文刊发于《新闻与传播研究》杂志。作者认为此前关于数字鸿沟的研究皆聚焦于数字技术的接入和使用上，即所谓的第一道和第二道数字鸿沟，但人们忽视了数字技术接入和使用上的鸿沟是否会导致知识上的鸿沟。研究使用一个美国的调查数据进行再分析，认为由互联网的接入差异、对互联网政治信息使用可以预测人们政治知识的获取，而且后者比前者预测更为精准。研究结果为"数字技术的分布和使用不公带来了不利的社会影响"提供了经验证据③。二人 2007 年在《新闻与传播评论》杂志刊发《数字鸿沟、知识沟和政治参与》，再次确认了以上研究成果。

2008 年，韦路、张明新在《新闻与传播研究》杂志发表论文《网络知识对网络使用意向的影响：以大学生为例》，以确立网络知识作为一个拥有足够信度和效度的概念结构，并检验其对网络使用意向的可能影响。研究认为人们的网络知识通过对其关于互联网的认知和情感因素的作用，从而显著影响着其对互联网的使用意向。人们关于新技术的知识是导致数字鸿沟的关键因素之一，研究认为"知识沟"实际上是对于未能获得有效的知识、信息和通信资源

---

① 葛进平，章洁，方建移，等. 浙江省中学生"知沟"假设的实证研究 [J]. 新闻与传播研究，2006（10）：54 - 60，95.

② 杨孟尧 . "知沟"理论与知识占有差异研究 [D]. 重庆：重庆大学，2008.

③ 韦路，张明新 . 第三道数字鸿沟：互联网上的知识沟 [J]. 新闻与传播研究，2006，13（4）：43 - 53，95.

的人类群体的"知识剥夺"①。

2009 年，韦路在《开放时代》杂志刊发论文《从知识获取沟到知识生产沟——美国博客空间中的知识霸权》，通过对一组美国全国性调查数据的分析，讨论人们在网上以不同博客类型为表现形式的知识生产差异及其社会影响力差异。结论是拥有较高社会经济地位的博客在网上生产较多政治知识，也具有较大的社会影响力。个体之间在线下的权力分布直接映射于线上，进入博客空间仅仅是参与政治公共领域的第一步。研究者将经典的知识沟假设从知识获取沟延伸到知识生产沟，研究显示了美国网络政治空间中存在的知识霸权②。

2009 年，韦路、李贞芳在浙江大学学报（人文社会科学版）刊发论文《新旧媒体知识沟效果之比较研究》，对比互联网与传统媒介的知识沟效果差异。研究通过对两组不同时期美国全国性调查数据的分析，发现不同社会经济地位者之间的使用沟在互联网上更为明显；互联网上较大的使用沟也导致了更为显著的知识沟，使得数字鸿沟不仅在强度上，更在后果上有甚于传统媒介的使用差异③。

2012 年，韦路、李锦容分析了美国的一份全国性电话调查数据，对美国社会的网络知识生产进行了实证探讨。研究认为在所有形式的知识生产中，只有评论和图片与政治参与相关。这意味着新媒体技术具有某种强化边缘、赋权弱势的民主潜力。至于政治参与，研究结果表明，虽然社会经济地位较高者仍然在网上保持一定优势，社会经济地位较低者也能够从网络的互动和融合属性中获得一定的益处。因此，网络知识生产一方面折射出美国真实社会的结构性不平等，另一方面也为重构政治传播的格局及强化公共领域的参与和互动元素创造了一些新的机会④。

2014 年，韦路、赵璐将经典知识沟研究从知识获取延伸到知识生产，研究了微博知识生产的不同形式及其背后的社会结构性差异，并对知识生产和公共参与之间的关系进行探索。研究认为中国网民在微博上进行知识生产的程度

① 韦路，张明新. 网络知识对网络使用意向的影响：以大学生为例 [J]. 新闻与传播研究，2008，15（1）：71-81.

② 韦路. 从知识获取沟到知识生产沟：美国博客空间中的知识霸权 [J]. 开放时代，2009（8）：139-153.

③ 韦路，李贞芳. 新旧媒体知识沟效果之比较研究 [J]. 浙江大学学报（人文社会科学版），2009，39（5）：57-65.

④ 韦路，李锦容. 网络时代的知识生产与政治参与 [J]. 当代传播，2012（4）：11-14，19.

十分有限,且直接知识生产的频率远低于间接知识生产;微博知识生产存在显著的性别鸿沟和城乡鸿沟;较于知识获取,知识生产能更好地预测公共参与,且直接知识生产的作用更大;生产事实加观念知识比单纯的事实知识或观念知识对公共参与的影响更大,而生产正面和中立的观念知识越多,公共参与行为也越多,负面的观念知识则毫无助益[①]。

2015 年,韦路、谢点关注了全球数字鸿沟变迁及其影响因素。作者基于世界银行及 Gapminger.org 提供的数据,通过考察互联网、固定宽带和手机在世界范围的发展蔓延及其影响因素,呈现出全球数字鸿沟的历史变迁及其背后的演变机制,认为全球数字鸿沟逐渐缩小,移动电话展现独特潜力,中国接近世界平均水平,经济因素影响依然最强,预测采纳呈现递增效应[②]。

2021 年韦路、陈俊鹏关注了全球数字图书馆鸿沟的现状、归因与弥合路径。研究认为全球数字图书馆发展的"接入沟"和"使用沟"情况都十分严峻。中国虽然在部分指标上已处于国际前列,但与美俄等国相比,仍差距悬殊。经济支持力度、国民发展水平、信息基础设施等国家(地区)宏观环境因素是全球数字图书馆鸿沟的重要影响因素。不同国家和地区需从信息基础设施投入、知识共享平台打造、公众信息素养提升和智慧图书馆建设等方面入手,着力提升自身的数字图书馆发展水平,以期建构数字时代更加平等的全球信息秩序和知识体系[③]。

2023 年,韦路、秦璇考察了"主客观知识沟"。主客观知识沟的概念主要探讨自我认知层面的知识占有差异,用来衡量知识占有上的主客观一致性。研究者通过问卷调查,认为主客观知识沟真实存在,并且不同年龄和教育水平的群体在主客观知识沟方面存在差异,报刊和视频客户端使用扩大了主客观知识沟,社交媒体、新闻客户端和网络问答社区使用则有利于弥合。研究者提出了"沟中沟"的概念,关注到认知失真在知识占有差异领域的表现,认为教育和年龄是产生该现象的主要社会结构性因素。研究发现媒介环境对知识沟影响的

① 韦路,赵璐. 社交媒体时代的知识生产沟:微博使用、知识生产和公共参与 [J]. 兰州大学学报(社会科学版),2014,42 (4):45-53.

② 韦路,谢点. 全球数字鸿沟变迁及其影响因素研究:基于 1990—2010 世界宏观数据的实证分析 [J]. 新闻与传播研究,2015 (9):36-54,126-127.

③ 韦路,陈俊鹏. 全球数字图书馆鸿沟的现状、归因与弥合路径 [J]. 现代出版,2021 (5):11-18.

多样性和复杂性特征[①]。

韦路及其研究团队风格比较明显。其多以美国现成调查数据为基础，利用理论知识进行建构、分析和验证。研究在大众媒介视角以外，兼顾了个体和组织等层面，并积极尝试"知沟"假说的跨学科的验证使用。

2019 年，中国社会科学院博士生王建峰发表《新媒体语境下对"知沟"中知识概念的再考察》，认为在新媒体语境下，出现了大量信息过剩与"错误信息"泛滥，受众媒介依赖加剧，"知沟"假说通常考察的"知晓类知识"的缺陷，而自然科学、历史和社会科学等所谓"正式知识"很少进入知沟研究视野，但"正式知识"才是建构人们理解掌握新闻知识的基础，因此他建议知沟研究需扩展知识概念，引进"正式知识"[②]。

2023 年，易龙、奚奇关注了知识的空间分布特征和时间变化规律对知识扩散和分布的影响。研究认为"知识扩散效果随地理距离的增加而衰减"，创新活动不仅在企业和产业层面具有累积效应，在地理层面同样存在循环因果累积效应，知识资源聚集效应放大了地区之间的知识差距，形成地理性"知沟"。此外研究还就"知识折旧"叠加在知识资源分布和知识扩散的动态环境下综合考量其对"知沟"的影响[③]。

总体看，以上研究——包括经典研究及国内外后续扩展研究——具有以下共性：

全部基于西方社会学框架。虽然学者们在宏观与微观视角、是否存在知沟、是什么在影响知沟等方面吵得不亦乐乎，但其讨论均没有离开"社会经济地位"设定，均为对该设定的修补扩充。

普遍遵从大众传播视角。虽然不少学者探讨了动机、禀赋、知识的再创造等个体微观内部层面的影响因素，但总体看没有离开大众传播的视角，部分超出该视角的研究还被批判为脱离了大众传播视角，"指涉了人类所有的信息加工过程"。

多数采用实证和量化的研究方法。通过设计实证调研框架，考察某一领域

---

①　韦路，秦璇．主客观知识沟：知识沟研究的新方向［J］．新闻与传播研究，2023（2）：53 - 67，127.

②　王建峰．新媒体语境下对"知沟"中知识概念的再考察［J］．新闻爱好者，2019（5）：19 - 21.

③　易龙，奚奇．知识资源视角下"知沟"演化机制研究：基于糖域模型仿真的方法［J］．现代传播，2023，45（6）：76 - 83.

内知识的传播与建构情况，与"知沟"理论进行印证或反思，是多数研究的通用做法。此外部分长期浸淫或深入研究该领域的学者，尝试了通过文献综述来完善与扩充"知沟"假说。

"知沟"假说初建时的短短数年，就已经达到相当高的水平，相关论述相当深刻且极富启发性，这建立在假说框架被严格限定的基础之上。

当假说变成概念、成为显学后，大量对理论的简单阐释和任意拓展应用导致了对假说的刻板印象，进而使假说迅速失血，变得干巴和漏洞百出，面临着解释力不足的问题。

学者们尝试从各个角度打补丁以试图解决该问题，但对大量的意外总是显得无能为力，后文将证明，关键在于他们仍然局限于社会学的研究视角及研究方法。也就是说，他们沿袭了社会学的研究方法，总是在社会"分层""分工"的方向上打转，选择性无视了先天的生物性因素和后天的非分层的环境因素，导致了理论在解释实践过程中的乏力和失血。

为什么会出现这样的境况呢？考察社会学的诞生史就能发现，根源在西方社会学的创始者们。他们剥离了生物学等其他学科视角的研究方法，创造了社会学这门学科，在净化了社会学研究领域的同时也削弱了社会学学科的解释力。

第四节 规范与制约："知沟"假说的社会学根基

一、社会学方法溯源

社会学的创始者们主动或被动地剥离生物学的研究方法，有着比较复杂的因素。再详细一点，与文艺复兴、启蒙运动、第一次工业革命、第一次世界大战、第二次世界大战等时代的影响都密不可分……

14—16 世纪文艺复兴运动解放了人的精神，为启蒙运动奠定了基础。17—18 世纪又来了一场启蒙运动，人类开始在自然科学领域取得一系列重大突破。在这个过程中，人们打破了神学的垄断，认识到了人的巨大价值和超凡能力。简单说，就是人创造了人类历史上从来都没有过的辉煌文明，正如莎士比亚[①]借哈姆雷特之口所说的那样："人是何等巧妙的一件天工！理性何等的

---

① 莎士比亚. 哈姆雷特 [M]. 梁实秋，译. 北京：中国广播电视出版社，2001：111.

高贵！智能何等的广大！仪容举止是何等的匀称可爱！行动是多么像天使！悟性是多么像神明！真是世界之美，万物之灵！"

马克思[①]也感慨有加："资产阶级在它的不到一百年的阶级统治中所创造的生产力，比过去一切世代创造的全部生产力还要多，还要大。自然力的征服，机器的采用，化学在工业和农业中的应用，轮船的行驶，铁路的通行，电报的使用，整个整个大陆的开垦，河川的通航，仿佛用法术从地下呼唤出来的大量人口——过去哪一个世纪料想到在社会劳动里蕴藏有这样的生产力呢？"

在这样空前的成就下，人们不再愿意匍匐在神性的光辉下瑟瑟发抖了——甚至连装一下都不肯。他们想要创造新的理论，从对自我的批判转向对自我的歌颂，人性开始被重视和研究。

进而，学者们雄心勃勃地想要发现人类社会的一般规律——在此之前，人们把在人类社会发生的一切事件都归类为神的意志，神的影响。当工业革命、进化论等重大突破颠覆了学者们的价值观后，他们迫切希望把这些自然科学领域的突破引入社会及人类的研究，寄望能发现类似自然科学里的那种机械式的规律——如果出现 A，则一定出现 B。现在"机械式"如果用来形容思想，多半不是好词，代表着死板和僵化。但当时机械可能还比较时髦，是先进、前沿的代名词，类似当下的数字、信息、量子等。人们期望社会学研究能跟自然科学的研究一样可以准确预测事物的发展，成为窥破天机的科学。

他们一度取得重大突破，但很快滑入深渊。建立在生物学基础上的，更进一步来说是进化论基础上的社会学，看起来更接近真相，但从价值观上来看往往难以被大众接受。

斯宾塞把进化论的范式框在社会学头上，诞生了社会达尔文主义。依照这种范式，弱肉强食、赢者通吃就变成了生物界包括人类社会的公理，则优胜民族对落后民族的屠戮，也有了生物学的依据。优生学的理论也找到了支点，因此被判定为落后、愚昧的人们或种族就有失去生存繁衍权利的危险。

社会达尔文主义臭名昭著了。为了学科的存续，社会学大佬们不得已挥泪斩马谡，把生物学视角从社会学研究中剔除出去。埃米尔·涂尔干和马克思·韦伯明确否定了社会达尔文主义的理论，认为斯宾塞的理论是"以自我主义为人性化出发点的利己主义理论"，认为群体中存在着广泛的利他主义，否认了

---

① 马克思，恩格斯．马克思恩格斯选集：第1卷［M］．2版．北京：人民出版社，1995：277.

社会学与生物学或者心理学之间的联系，认为社会学的研究方法完全建立在“社会事实应当作为事物来研究”的基础之上。

其中涂尔干承认个体是生物性的存在，但因为人具有双重性，所以又超越了个体，呈现了知识领域和道德领域的最高现实，这都是社会力量的功劳。韦伯则认为在分析社会现象时没有必要提及大脑，并否定了他研究的问题与心理学的相关性。韦伯虽然也关注社会学家的需求，去理解人们行为之上的主观意图，但他把一些心理现象和生物性影响从这些过程中剥离了出来，因为“超出了社会学分析的范围”。涂尔干和韦伯两人因此都界定社会学主要应当关注社会结构和牵涉解释人类行为与方向的社会文化，而不需要研究个体大脑或从心理学角度去理解他们的思想[1]。

他们的决定拯救了社会学这样一个学科，但是贻害也是显而易见的。现代西方学术界政治正确大行其道，政治正确不可避免地歪曲、屏蔽了人们追求真相、追求真理的研究。以美国为例，对人种的智力差异的研究就是绝对的禁区，相关研究者面临重重阻碍。随着西方文明的演变，因伦理和道德而导致的科研禁区也越来越多，它们已经替代对真理的渴望而统治了西方学术界。

如果伦理和道德真能阻止人类滑向不文明的深渊，这种做法也可以理解。但“技术决定论”认为科学技术一旦被发现或发明，它就有自己的演化走向，这种走向可能是人类所无法真正阻遏的。在持这种观点的人看来，冀图通过道德约束来改变科技自行的轨道，无异于是一种掩耳盗铃的幼稚行为。经济学家卡尔·门格尔[2]在《社会科学方法论探究》中尖锐地指出：“欲在我们学科采取伦理取向，部分地是来自古典时代之哲学的残余，从另一个意义上说，是中世纪禁欲主义哲学的残余。然而，往好里说，它不过是对科学性不足的一种拙劣补充，如其在历史研究中所有之作用。这几乎是没有足够能力解决其学科难题者之典型做法：他们想靠引进其他科学的研究成果、机械照搬这些成果，找到解决自己研究领域问题之令人满意的办法。”

让我们具体回溯一下这段历史。

---

① 拉塞尔·K. 舒特，拉里·J. 赛德曼，马切里·S. 凯夏文. 社会神经科学：脑、心理与社会［M］. 冯正直，译. 重庆：西南师范大学出版社，2021：11-12.

② 卡尔·门格尔. 社会科学方法论探究［M］. 姚中秋，译. 北京：商务印书馆，2018：283.

二、草创：奥古斯特·孔德与社会学

奥古斯特·孔德（1798—1857）（图 1-10）是法国人，曾是法国空想社会主义思想家圣西门的私人秘书，后来二人决裂。在经历人生及情感的挣扎以后，他开始专心著述，写了六卷《实证哲学教程》、四卷《实证政治体系》，此外还有《论实证哲学的精神》等一系列宣传其实证主义哲学的学术著作，甚至死后还出版了四卷《孔德遗言》。商务印书馆 2011 年翻译出版了他的《论实证精神》，我在网上下载到了 Batoche Books 编选的三卷本 *The Positive Philosophy*，Cambridge 出版的 *A General View of Positivism*、*The Positive Philosophy of Auguste Comte Volume 2* 等零散著作。

图 1-10　奥古斯特·孔德

孔德把人类的科学知识分为五个层次，最底层的是天文学，在天文学上面建构的是物理学，在物理学上面建构的是化学，在化学上面建构的是生物学，在生物学上面建构的是社会学，越往上，知识越复杂和高级。其中前面四种科学，都已经通过实证建立了完备的学科体系，唯有研究人类社会的"社会物理学"（Social Physics）还没有进入实证的阶段。他认为应该用自然科学的方法来研究社会学，以使社会学成为一门可以预测未来的学问。

孔德认为人类社会的所有的思辨，都不可避免地先后经历三个不同的理论阶段，也就是神学阶段、形而上学阶段和实证阶段，其中只有最后一个阶段才是完全正常的阶段，人类理性的定型体制的各个方面均寓于此阶段之中。人类社会的新的演化阶段规律只有通过理性科学的范式才能摸清。

孔德认为，社会学应该采用自然科学中卓有成效的研究方法，包括观察法、实验法、比较法和历史法。孔德把在实证理论指导下的观察称为合理的观察。他认为社会学研究可以采用间接实验的方法，反对直接的社会实验，认为是不合理的和危险的。孔德认为比较法应该在社会学研究中占据重要地位，通过人类社会和动物社会的比较，可以窥探人类社会关系的萌芽，进一步弄清人类与动物界的联系和区别。但比较法是一种横向的思考，无法达成纵向的考察，因此还应该掌握历史的方法，要采用历史进化和人类智力与社会发展三阶段的理论来指引历史的研究。

孔德据称创立了社会学这样一个学科，对人类社会现象的研究被他单独拿出来作为一个独立的学科，影响了后续社会学的发展。孔德社会学的典型色彩并不浓厚，他的研究方法更多还是自然科学的，这个时期，学科藩篱并不严重。由于自然科学不断地取得巨大突破，它们累积了巨大的声望。实际上整个人类社会的早期研究都建基于自然科学之上，例如：认为社会与自然没有本质差别，其规律是一致的；人类的组织形态是从动物的低级组织形态进化而来，因此动物的组织形态可以拿来作为人类社会组织形态的早期形态等。

孔德的思想遭到了米塞斯的激烈抨击。米塞斯认为："从本质上说，实证主义是泛物理主义，其先驱是拉普拉斯，命名者是孔德，将其复活并将其系统化的是当代逻辑实证主义或经验实证主义。"米塞斯认为宇宙间有些事物是自然科学不能加以描述和分析的。在自然科学的方法适合观察和描述的事物之外，还有别的事物，那就是人的行为[①]。

---

① 路德维希·冯·米塞斯. 经济科学的最终基础：一篇关于方法的论文 [M]. 朱泱，译. 北京：商务印书馆，2015：2.

三、深渊：社会达尔文主义与优生学

（一）赫伯特·斯宾塞（1820—1903）与社会达尔文主义

奥古斯特·孔德在法国创立了社会学，赫伯特·斯宾塞（图 1-11）则是英国社会学的奠基人。斯宾塞在青年时期就展露了他的反叛思想，不断给一家名为"不信奉国教的人"的激进报刊撰写文章，并汇集成《政府的作用范围》这本书。他另一个被人津津乐道的成就是，早于达尔文的《物种起源》出版了《进化的假说》，依据拉马克的进化理论提出了发展进化的思想。

图 1-11　赫伯特·斯宾塞

斯宾塞著述涉及领域十分广泛。有一天我看到我妻子也在看斯宾塞的书，我大为震撼并判断应该不是同一个"斯宾塞"——因为她的专业方向和志趣应该是跟斯宾塞八竿子打不着的——但我仔细看了全名，确实是同一个人。

她告诉我说斯宾塞是非常著名的教育家，斯宾塞一生未婚，但是他成功地把自己的远房侄子培养成了杰出人才，斯宾塞提倡的快乐教育理念深受当下青年父母们的追捧。因此，她买了《斯宾塞的快乐教育全书》《教育论：智育、德育和体育》两本斯宾塞的教育学专著潜心学习，以期望我们的孩子能够身心健康地成长。

斯宾塞更大的成就来自对社会学的阐述。斯宾塞的《社会学研究》是一本非常好读的书，语言生动，没有什么艰涩表述。

斯宾塞列举了自然科学和社会科学的研究案例，以证明社会学研究比自然科学研究更加出人意料。"有证据表明：人性是难以控制的，看起来最合理的方法与期望相差甚远；最好的结果经常出自常识认为不实际的方法。即使个人人性也给我们展现了这些令人诧异的反常情况。如果有事要做，那自然注意找有空的人，但所谓有空的人却找不到时间，最有可能完成该做的事情的是已经很忙的人。"他列举了社会行为复杂的影响因素，来证明社会行为极其复杂，预料后果也是极其困难的，但是也不能因此而草率行动。

他批判了将自然和社会现象归结为"上帝的介入"的神学解释，也批判了"文明进程不过展示了伟大任务及其所作所为"的精英史观，用缜密的逻辑证明"伟人的出现取决于诸多系列复杂影响，这些影响产生了他所在的民族，产生了那个民族慢慢发展成的社会状态"。

作为对照，意大利人维科（Giambattista Vico，1668—1744）提出了作为历史一般规律的社会发展三阶段理论。维科在《新科学》（*The New Science*）一书中认为人类社会发展史可分为三个阶段：首先是神学阶段，神是历史的主宰；然后是英雄阶段，军事贵族统治着人类社会；最后是人本阶段，人们在这个阶段是民主和平等的。维科认为人类社会是在这三个阶段不断螺旋地、渐进地循环往复①。

斯宾塞认为"科学"的概念不能仅指精确科学，这是很狭窄的概念。因为很多学科，如气象学，预测仅仅是近似的，只能给出大致准确的预测，这仍是一门无可辩驳的科学。进而他认为即使社会现象中的关系不如这些明确，仍还存在社会科学。

斯宾塞认为，人类社会作为人类的聚集体，会表现出人类个体的某些特质。科学有时候无法回答某些问题，并不是说这些结果有任何杂乱无章之处，而是因为无法获得对它们作预测需要的数据。个人的生平虽然很难预见，但是整体人类的发展则往往有普遍的规律可循。斯宾塞回顾了人类聚集体从小到

---

① VICO G. The new science [M]. BERGIN T G, FISCH M H, translated. New York: Cornell University Press, 1948.

大，从简单到复杂的历程，产生了各种各样的组织，这些组织早期起到有益的作用，后期则成为一种进步的阻碍。

斯宾塞客观地看到了社会学研究与自然科学的不同——社会现象无法直接观察。其次，观察者自身的感情和偏见会对观察结果造成扭曲，此外观察者自身也很难脱离其背景和时代而存在，因此，社会学研究的观察者面临着极大的阻碍。在客观方面，社会学观察者还面临着资料不确定的障碍，社会现象在描述中往往被有意无意地扭曲，成为获取可靠材料的阻碍。主观上人的理解力也各有差异等。

因此，开展社会学的研究首先要进行智力的训练，要注意借鉴生物学的研究方法。一方面所有的社会行为都是由个体的行为所决定，所有的个体行为都大体上符合生命法则的很重要的行为，要对社会行为进行理性的解释，就必须了解生命的规律。另一方面，作为一个整体的社会，除了从它的活动的单元来考虑以外，还呈现出生长、结构和功能现象，就像在一个人的身体内的成长、结构和功能现象一样；并且后者是认识前者的必要的方法。

但借鉴生物学的方法，就容易得出一些人类社会难以接受的结论，此时在斯宾塞的论述中已经看到了苗头："如果帮助无价值的人增多，通过保护他们免于那种他们的卑鄙将会自然导致的死亡，那结果就是一代一代地制造出更多的无价值的人来。减少那种已经短缺的自我保存能力的使用，将会导致后代中具有自我保存能力的人越来越少。……那些优秀的人除了自我保存并且保存他们自己的后代以外，还不得不从事保存低劣者及其后代的工作，因此他们的能量大大地透支了。……帮助坏人增加，事实上就等于恶意地为我们的后代提供许多敌人。"

（二）社会达尔文主义与优生学

弗朗西斯·高尔顿（Sir Francis Galton，1822—1911）是达尔文的表弟，同时也是达尔文的超级粉丝，他把进化论引入人类遗传学，创立了一个"优生学"的领域。

1869 年，高尔顿发表了一篇名为《遗传天才：其法则与后果之探究》（*Hereditary Genius：An Inquiry into Its Laws and Consequences*）的论文，表示他反对人与人"天生平等"的虚假主张，而认为遗传在人的人生境遇中起到了决定性作用。这个时候他的观点还算正常，但很快他就滑入了一个错误的轨道——他认为应该优先繁衍有才华的人，阻止能力低下的人繁衍，以"改善"人类的血统。

1909 年由优生学教育学会(Eugenics Education Society)编印出版的弗朗西斯·高尔顿的著作《论优生学》(*Essays in Eugenics*),系统阐述了他的观点。

优生学理论的片面性显而易见。先天的遗传基因很重要,但后天的影响也很重要——社会环境影响着基因的表达与沉默,二者共同决定了一个人的成长。此外,高尔顿的设想实施起来成本是非常高的,远远超出它的收益,更多是一种乌托邦式的想象。最后,他管得也太宽了,每个人都有体验自己命运的权利,这不能被剥夺——任何组织或个人也不应该被授予这种权力。

四、净化:涂尔干与韦伯

孔德和斯宾塞是社会学先驱,他们的研究方法中,仍然有大量的生物学研究方法残留,更彻底的清除来自涂尔干和韦伯。

(一) 爱米尔·涂尔干(1858—1917)

爱米尔·涂尔干认为斯宾塞考察社会使用的是"军国主义立场",最后会导致"建立一套强有力的中央政权,所有人都必须绝对服从。'除了执行军官的意志,士兵绝对不能具有自己的意志;有了高高在上的政府意志,任何公民意志都不能有藏身之地,不管它是私人的还是公共的'"[1]。

涂尔干认为斯宾塞在用现代的观念来解释古代的事实,认为社会达尔文主义"把社会对其成员的调和能力忽略掉了,而这种能力确实在不断调整和减弱生存斗争和生存选择所带来的野蛮影响。无论何时何地,社会中都有利他主义的存在"[2]。

涂尔干反思了斯宾塞的社会发展理论。他认为斯宾塞的社会发展理论是建立在饥饿、渴望和竞争求存之上的,社会生活和社会本身的发展得益于交易的实施。涂尔干不能同意斯宾塞论述集体生活产生于个人生活之后,他认为个人生活反而是源自集体生活。人性的出发点不是利己主义,而是利他主义——全世界概莫能外。利他主义并非像斯宾塞希望的那样,注定成为社会生活的令人

---

[1] 埃米尔·涂尔干. 社会分工论 [M]. 渠东,译. 北京:生活·读书·新知三联书店,2000:153.

[2] 埃米尔·涂尔干. 社会分工论 [M]. 渠东,译. 北京:生活·读书·新知三联书店,2000:157.

愉悦的装饰物，而将永远是社会生活的根基。离开它我们怎么活得下去？若是不能达成一致意见，人类便无法生活在一起，因此需要相互之间的付出和牺牲，从而使得彼此以坚韧而持久的方式相互联结在一起①。

为了与生物学和心理学区分开来，涂尔干讨论了社会学研究对象——社会事实的定义。他认为社会事实由存在于个人之身外，但又具有使个人不能不服从的强制力的行为方式、思维方式和感觉方式构成。因此，不能把它们与有机体现象混为一谈，因为有机体现象由表象和动作构成；也不能把他们与仅仅存在于个人意识之中并依靠个人意识而存在的心理现象混为一谈。社会事实的存在也不依存于它在团体内部扩散时表现于个体的形式，我们还可以通过社会事实在团体内部的扩散来界定它。综上，涂尔干定义社会事实为：一切行为方式，不论它是固定的还是不固定的，凡是能从外部给予个人以约束的，或者换一句话说，普遍存在于该社会各处并具有其固有存在的，不管其在个人身上的表现如何，都叫作社会事实。

涂尔干强调要把社会事实作为物来考察。要注意不能把观念和现实混淆起来。涂尔干认为孔德就是把观念作为研究的对象了，涂尔干认为孔德试图发现的"进化的程序"是一种主观的想象。涂尔干认为斯宾塞也犯了同样的错误，认为社会只是而且只能是一种观念的实现，把仅仅是一种精神上的东西当作了一种物。

涂尔干认为，在开始研究之前，必须始终如一地摆脱一切预断。社会学家的第一步工作应该是界说他所研究的事物，以使自己和他人知道他在研究什么。为使这个基本定义成为客观的，应根据现象本身固有的特性来表达之。这个基本定义确定现象的特点的依据应该是现象的性质的组成因素，而不应该是现象与人们关于它的比较理想的观念的一致性。为了摆脱主观的影响，涂尔干认为，当社会学家试图研究某一种类的社会事实时，他必须努力从社会事实脱离其在个人身上的表现而独立存在的侧面进行考察。在查找社会事实的决定性原因时，应该到先于它存在的社会事实之中去寻找，而不应到个人意识的状态之中去寻找。一种社会事实的功能应该永远到它与某一社会目的的关系之中去寻找。一切比较重要的社会过程的最初起源，应该到社会内部环境的构成中去

---

① 埃米尔·涂尔干. 社会分工论［M］. 渠东，译. 北京：生活·读书·新知三联书店，2000：185.

寻找①。

涂尔干对知识也有自己的独特观点。他认为人类意识的发展受限于自身的肉体，认为人类只有在高级神经中枢非常发达的时候，才能获得广博的学识，但与此同时，广博学识的副产品"痛苦的纷扰"也会随之而来。因此，他判断人类知识的增长"总有一个最高限度是不能随便逾越的，而且它是随着大脑的平均容量的变化而变化的"。他认为知性只是人类的一种能力，知性的增加不能超过一定的限度，否则它就会通过瓦解我们的感情、信仰和习惯，来殃及其他某些实际能力，导致"失去平衡"，并"陷入某种迷乱之中"。随后他举了一个价值观冲突的案例：信奉初始宗教的人们在创世学说和哲学里还能找到些快乐，但倘若我们突然把某种现代科学理论灌输在他们的脑袋里，无论这种理论高超到什么地步，都会剥夺他们的快乐，不会给他们提供一点儿补偿。因此，"对科学而言，都存在着人们无法逾越的明确界限"②。

涂尔干也从社会分工的角度论述过知识差别。他认为是社会分工的出现与扩大才导致了知识占有的差异，在这个论述的过程中，他提到了"异质性"的概念。

涂尔干认为人口的增加，社会的扩大和更加密集，是实现分工的决定性原因，而分工是导致"异质状态"的根本原因，"事实上，只有在物质的各个部分扩展成各种不同力量的情况下，才会产生异质状态，只有在各个部分守着不同领域的情况下，才会产生更强的异质性。社会也是如此"。

他援引了斯宾塞的论述："随着共同体人口逐渐增多，它会分散到更大的范围中去，共同体成员在相应的区域里生老病死，从而使共同体能够在不同的物质环境中把它的各个部分保存下来；这些部分也不再会产生非常相似的作用。这些人分散而居，有的继续从事着狩猎和耕种；有的则迁移到了海边，开始出海捕鱼；而有些居民却选择了中心地带，定期举行集会，后来这些人就变成了商人，而这个地区则变成了城镇……由于土壤条件和气候条件不同，不同地区的农村居民开始有了一部分专门职业；养牛、养羊以及种植小麦等主要职业之间的区别已经越来越明显了。"斯宾塞认为这种区别导致"互有分工的个

---

① E·迪尔凯姆. 社会学方法的准则 [M]. 狄玉明，译. 北京：商务印书馆，1995.

② 埃米尔·涂尔干. 社会分工论 [M]. 渠东，译. 北京：生活·读书·新知三联书店，2000：194 - 195.

人之间不仅产生了许多差异，甚至相互对立起来。可以说，他们总是想方设法地把彼此之间的距离拉大"。以至于出现了鸿沟——"用于思考的大脑和用于消化的肠胃两者之间有什么相似之处呢？""如果诗人们完全沉湎于幻想，学者们只埋头于研究，工人们一辈子弯着别针，农民们只肯推着犁耙，店主始终守着柜台，这些人又有什么共同之处呢？"①

对于生物学所谓的"遗传影响的案例"，涂尔干认为更多是"家庭环境"的社会影响，"遗传性在进化过程中逐渐失去了自己的力量"，因为许多新的行为方式已经形成了，"而且这些方式已经不再受它的影响了"。他的第一个论据是"人类的许多主要种族都已经陷入了停滞状态"，所以"他们与遗传作用本身离得越来越远了"。他的第二个论据是人们"个性化色彩越浓""意识状态越复杂"，越容易陷入不稳定的状态，进而"自我将慢慢地瓦解掉"。第三个论据是"人的能力越特殊，也就越复杂"，因此也"越加难以传授"，因此将"越来越容易受到家庭环境、财富和教育的影响而产生变化"。

他转引拜恩的话说"在学校里，大语言学家的儿子可能会发不出一个简单的音节，大旅行家的儿子在地理方面可能比矿工的儿子还要逊色"。涂尔干论证说"即使小偷的儿子还是小偷，我们也很难说他的罪恶本身是他的父亲传授给他的"。因为只有小偷的孩子"在有着良好教养的家庭里成长起来后，还是养成了偷盗的秉性，那么我们才有理由认为遗传确确实实产生了影响"。

涂尔干认为"遗传之所以丧失了自己的支配地位，并不是因为它不再是我们的自然规律，而是因为它已经不再能够为我们提供生存所需的各种武器了"。

此外，他认为遗传能够传递的各种事物也越来越难以限制个人的变化，如动物的等级越高，它的生活本能就会变得越来越弱，涂尔干这里定义本能是"固定的行为方式"②。

由于时代的局限，通过涂尔干的论述，我们可以很清楚地看得到问题出在什么地方。他的论述也生动地向我们展示了社会学是如何变成现在这个样子的。

---

① 埃米尔·涂尔干. 社会分工论 [M]. 渠东，译. 北京：生活·读书·新知三联书店，2000：219-221.

② 埃米尔·涂尔干. 社会分工论 [M]. 渠东，译. 北京：生活·读书·新知三联书店，2000：267-296.

(二) 马克思·韦伯 (1864—1920)

马克思·韦伯(图1-12)定义社会学是一门想解释性地理解社会行为,并且通过这种办法在社会行为的过程和影响上说明其原因的科学。同时,"行为"应该是一种人的举止(不管外在的或内在的举止,不为或容忍都一样),如果而且只有当行为者或行为者们用一种主观的意向与它相联系的时候。然而,"社会的"行为应该是这样一种行为,根据行为者或行为者们所认为的行为的意向,它关联着别人的举止,并在行为的过程中以此为取向①。

图1-12 马克思·韦伯

韦伯为了达成知识客观性的要求,一方面强调社会学是现实之科学,要对经验进行事实验证和因果解释,另一方面强调也要注意意义的理解,包括直接观察和解释性理解。韦伯强调了理解个人赋予他们行为的主观意义的重要性,并将其作为区分社会学与心理现象和生物影响的基础,韦伯认为社会学家必须将这些影响作为给定的数据来处理。

在构建理解人类社会学的框架中,涂尔干和韦伯都认为他们必须拒绝与生物学的联系。他们在这种拒绝的基础上发展起来的社会理论,推动了一个名副

---

① 马克思·韦伯. 经济与社会:上卷 [M]. 林荣远,译. 北京:商务印书馆,1997:39-56.

其实的"学术界围墙"的建立，这限制了一个世纪以来"对生物的进化以及一些人类相关的主题，如人类遗传学、物理人类学和心理学的专业化分支的研究"。然而，随着人类进化、人类社会性的神经生物学以及人类理性的神经心理学研究的新发现，这种学科分离的理论依据逐渐式微了[1]。

五、跨界影响：苏联遗传学发展波折

马克思[2]在《关于费尔巴哈的提纲》《马克思论费尔巴哈》等文中反复提到"人的本质不是单个人所固有的抽象物，在其现实性上，它是一切社会关系的总和"。后来的研究者将马克思的这个观点归纳为人的本质属性或者说第一属性是社会性，而自然属性是非本质的属性或者说第二的属性。从这个论断出发，有些人认为对人类生物性的强调是在挑战这一论断。

马克思是从人的活动的社会性推导出人的本质属性的。"不仅我的活动所需要的材料，甚至思想家用来进行活动的语言本身，都是作为社会的产品给予我的，而且我本身的存在就是社会的活动；因此，我从自身所做出的东西，是我从自身为社会做出的，并且意识到我自己是社会的存在物[3]。"

马克思是在"种属"的概念上讨论人的本质的。马克思1844年8月11日在致费尔巴哈的信中说："建立在人们的现实差别基础上的人与人的统一，从抽象的天上下降到现实的地上的人类概念，——如果不是社会的概念，那是什么呢[4]！"在马克思看来，费尔巴哈所谓人的"类"概念，其现实表现形式就是人的社会属性。

马克思不仅没有否认人的自然属性，相反，他还特别强调了人自然属性与社会属性的统一。"自然界的人的本质只有对社会的人来说才是存在的；因为只有在社会中，自然界对人来说才是人与人联系的纽带，才是他为别人的存在和别人为他的存在，才是人的现实的生活要素；只有在社会中，自然界才是人

---

① 拉塞尔·K.舒特，拉里·J.赛德曼，马切里·S.凯夏文.社会神经科学：脑、心理与社会 [M].冯正直，译.重庆：西南师范大学出版社，2021：253-254.

② 马克思，恩格斯.马克思恩格斯文集：第1卷[M].中共中央马克思恩格斯列宁斯大林著作编译局，译.北京：人民出版社，2009：501.

③ 马克思，恩格斯.马克思恩格斯全集：第42卷[M].中共中央马克思恩格斯列宁斯大林著作编译局，译.北京：人民出版社，1975：122.

④ 马克思，恩格斯.马克思恩格斯全集：第27卷[M].中共中央马克思恩格斯列宁斯大林著作编译局，译.北京：人民出版社，1975：450.

自己的人的存在的基础。只有在社会中，人的自然的存在对他来说才是他的人的存在，而自然界对他来说才成为人。因此，社会是人同自然界的完成了的本质的统一，是自然界的真正复活，是人的实现了的自然主义和自然界的实现了的人道主义①。"

简单来说，马克思强调了人之所以为人的特殊性，人与动物的区别。但马克思并没有因此而全盘否定人的生物性，而是强调了自然主义和人道主义的结合。如果不能很好地理解这一点，漠视自然规律，就容易犯教条主义的错误。

六、小结：回到孔德

社会学家们对生物学的抵制也诞生了很多经典的论述，如 1972 年社会学家桑迪·詹克斯（Sandy Jencks）提出的遗传率统计方法悖论：

例如，如果一个国家拒绝送红发儿童上学，那么造成红头发的基因可以说是降低了阅读测试的分数……在这种情况下，将红发人的文盲归咎于他们的基因，可能会让大多数读者觉得很荒谬。不过，传统的估计遗传率的方法恰恰就是这么做的②。

哲学家凯特·曼恩认为，将社会不平等"自然化"，实际上就是"使社会不平等看起来不可避免，或认为试图抵制它的人在进行一场必败的战斗"。演化生物学家杜布赞斯基 1960 年总结说，"保守派最喜欢的论点一直是，社会和经济地位单纯反映了人内在的能力"③。

詹克斯的论述看似很有道理，而且我们能找到很多类似的案例。例如，清代、民国时期，很多人论证东亚人天生就是比较矮小的种群，但伴随着中国社会经济飞速发展，2020 年《柳叶刀》杂志的研究显示，中国年轻人的平均身高已经超过了欧洲的很多国家，位列东亚第一，而且，增长的势头仍未止

① 马克思，恩格斯．马克思恩格斯全集：第 42 卷［M］．中共中央马克思恩格斯列宁斯大林著作编译局，译．北京：人民出版社，1975：122.
② 拉塞尔·K. 舒特，拉里·J. 赛德曼，马切里·S. 凯夏文．社会神经科学：脑、心理与社会［M］．冯正直，译．重庆：西南师范大学出版社，2021：253－279.
③ 凯瑟琳·佩奇·哈登．基因彩票：运气、平等与补偿性公正［M］．陆大鹏，译．沈阳：辽宁人民出版社，2023：159－163.

步①。可见，身高虽然与遗传相关，但是跟蛋白质的摄入——往往与社会经济地位强相关——关系也很大。

不过如果用詹克斯的观点来否定生物学的介入，则其论述中明显的逻辑漏洞就足以使之无法成立了。曼恩和杜布赞斯基的观点则是典型的讳疾忌医——因为受不了洗澡水的臭味儿，连同婴儿也一起倒掉了。

进化心理学的专家们认为，社会学这种摒弃生物学研究结论与方法的做法，是"人类中心主义"——这是一种认为人类位居宇宙中心，而其他一切都围绕他们转动的思想。笛卡尔说过著名的"我思故我在"，在他看来人类是唯一具有自由意志的存在，其他动物则类似机器。但是这种"人类具有行为独特性"的信念正在崩溃中，加州大学旧金山分校的生理学家本杰明·李贝特（Benjamin Libet）曾经做过一个研究，要求志愿者用手随机做出一个动作，同时用脑电图观察他们的脑部活动。李贝特要求志愿者在自己有了要做出动作的意识时看一下时钟的钟面，报告秒针的具体位置。研究发现，就在志愿者有意识地感觉到他们决定做出某种动作之前的大约半秒钟，控制手指运动的大脑神经元中会出现一个电流峰值。换句话说，在决定做出之前，大脑已经在无意识地控制行为了——学者认为该实验表明自由意志是一种幻觉，人们很容易被欺骗，认为他们控制或引发了自己的行为，哪怕实际情况并非如此②。

更多的案例表明，社会学研究离不开生物学的支撑，生物学的新进展对社会学研究具有强有力的推动作用。

科尔贝格（Kolbert）分子生物学的研究显示，尼安德特人的消失有可能与两种潜在的遗传基因有关，这两种基因可能导致她们无法理解社会交往中那些暗含的信息，类似某一些孤独症患者所呈现出的状态，这种基因差异有可能导致了尼安德特人的灭绝③。

美国国家科学院医学研究所 2002 年报告说，遗传性对自杀行为的影响在 30%～50%，研究者认为生物性嵌入和社会性嵌入很可能发挥剩余的 50%～

①　NCD Risk Factor Collaboration. Height and body-mass index trajectories of school-aged children and adolescents from 1985 to 2019 in 200 countries and territories: a pooled analysis of 2181 population-based studies with 65 million participants [J]. Lancet, 2020, 396 (11): 1511 - 1524.

②　达里奥·马埃斯特里皮埃里. 猿猴的把戏：动物学家眼中的人类关系 [M]. 北京：电子工业出版社，2014：269 - 274.

③　KOLBERT K. Sleeping with the Enemy [J]. The New Yorker, 2011, 87 (24): 64.

70％的病因学作用。

群体选择在人类进化中的重要性也使得文化影响力发挥了关键作用，因为比起只能在生物学上出现并在生殖过程中通过遗传船体的适应性突变，新的行为模式在群体文化中产生和传播得更快。这种由文化模式传播带来的更快适应性，使得人类能够更快地适应许多不同的环境。文化演变而来的合作性社会环境也倾向于选择那些群体内部表现出更多亲社会性的个体，从而使支持社会性的神经结构得到遗传传递。学者估计人类社会的遗传组成部分为47％，说明人类天生就具有与他人联结的能力。

生物学的研究证明，个人与社会的相互渗透，不仅仅发生在社会规范和行为层面上，还在人脑中被具象化，影响着之后的行为和意识，从而影响个人与社会互动的方式。这种相互渗透形成了人类物种，体现在社会组织中，并指导着人类的发展和行动。

因此，那些认为人类进化出了某种"超生物性"的能力，使得人类行为摆脱了生物性的限制，使之无限地顺应环境影响，并可对环境进行社会建构的想法，不能解释神经科学的最新研究进展，需要在打破学科界限的基础上，进行重新验证。

试图给社会学建构自然科学基础的尝试也从未停止。有一种称为消除式唯物主义（eliminative materialism）的观点，认为不存在精神事件或过程；还有一种逻辑实证主义（logical positivism）的思维哲学流派提出科学是知识唯一合法的形式；理论物理学则想要构建所谓的万有理论（Theory of everything），从底层完成对社会科学的覆盖；有一种科学还原论从生物学的角度提出，一旦人类了解了大脑形成和运作的后天规则，就能应用这些规则理解人类行为，提出者威尔逊写道："既然人类行为由物理因果事件组成，为什么社会和人文科学就不能与自然科学协调一致呢[1]?"

社会学有必要重新认识孔德的论断，要重视并研究社会学的生物学基础，毕竟社会科学某种意义上建基于自然科学之上，社会科学的重大底层进步往往仰赖自然科学的突破。当自然科学还没有出现突破而社会科学已经急不可耐的时候，它只能把旧的知识用新的语汇——往往借用自自然科学——包装一番再

---

① 杰拉尔德·埃德尔曼. 第二自然：意识之谜 [M]. 唐璐, 译. 长沙：湖南科学技术出版社, 2010：45-46.

端出来，这可不是什么"创新"。

　　具体到"知沟"假说研究，就是要综合各个学科的视角，对知识产生、传播、引起效果、反馈的整个过程，进行全面的考察。仅仅使用社会学的视角与方法，已经不足以解决知识的传播难题。

人是万物的尺度，是存在者存在的尺度，也是不存在者不存在的尺度。

——普罗泰戈拉

第 二 章

视角：知识的概念与特性

中国古代"知识"这个词与当代的含义有较大差异。《墨子·号令》："其有知识兄弟欲见之，为召，勿令入里巷中。"这里的知识指相识的人、朋友。《南史·虞悰传》："悰性敦实，与人知识，必相存访，亲疏皆有终始，世以此称之。"这里的知识指结识、交游。汉朝刘向《列女传·齐管妾婧》："人已语君矣，君不知识邪？"这里指了解、辨识。明朝焦竑《焦氏笔乘·读孟子》："孩提之童，则知识生，混沌凿矣。"这里指辨识事物的能力①。当然，现代汉语指涉的知识与中国古代知识含义已经不一样了。

作为一个元概念，社会科学各领域学者们或多或少都对知识的概念进行过研究。广为流传的知识概念是源自柏拉图的"被证成的真信念"，亚里士多德定义知识为"经验的结果"，笛卡尔认为知识是"思维本身的产物"，洛克认为知识是"感知与反思的结果"，康德认为知识是"理性主义的逻辑思维和经验主义的感官经验共同作用的结果"，黑格尔认为知识是"通过辩证提炼变得更

---

① 石中英. 知识转型和教育改革 [M]. 北京：教育科学出版社，2001：221.

个人化更理性化的感官感知的结果"，海德格尔认为知识是"对实践行为有益的理论认知"，尼希塔定义知识是"无法用言辞表述的……精神和身体的纯粹经验的产物"，马克思认为"具体的知识是由其所处的具体社会情境决定的，不是人们的意识决定人们的社会存在，相反，是人们的社会存在决定人们的意识[①]"，韦伯沿袭马克思的定义，并补充了精神因素的历史作用，"当诉诸社会因素对有关知识不能作出合理解释时，应积极诉诸精神因素[②]"。

…………

第一节 哲学视角的知识及其逻辑困境

一、流行靶标：柏拉图知识定义

柏拉图对西方哲学认识论中知识的定义具有根本的影响。他在《泰阿泰德篇》和《美诺篇》中讨论了知识的定义。

在《泰阿泰德篇》中，柏拉图记述了苏格拉底与泰阿泰德等人的谈话。苏格拉底谈到了自己在"知识是什么"这个问题上的困惑。这么枯燥的学术问题马上让一位谈话参与者赛奥多洛以"年龄太大已不习惯这么抽象的讨论"的理由退出群聊——真羡慕他。

泰阿泰德由于过分年轻不得不毕恭毕敬地听老头子长篇大论地唠叨。

苏格拉底认为世间万物是运动着的，"没有任何事物仅凭自身而'存在'，而总是处在变成某物的过程中"。因此谈论事物要用动态变化着的语词来与自然对应。根据普罗泰戈拉的观点，"人是万物的尺度"，人对事物的"感觉"就构成了知识的来源。但由于人们对事物的"感觉"往往受限于"此时此地"，而此时此地的人和事物与"彼时彼地"的人和事物不同，因此感觉是静止的，具有"切片性"，感觉对事物的描述是不全面的，因此不能用以指代知识。

苏格拉底还与泰阿泰德讨论了客观存在（作为事物的总体）与价值判断（诸如"荣耀"与"耻辱"、"善"与"恶"等），这些知识都是需要心灵的反思才能把握的，都与感觉不相干，它们来自心灵的判断。最后在苏格拉底的追问

---

① 马克思，恩格斯. 马克思恩格斯选集：第 2 卷 [M]. 2 版. 中共中央马克思恩格斯列宁斯大林著作编译局，译. 北京：人民出版社，1995：82.
② 崔旭治，浦根祥. 从知识社会学到科学知识社会学 [J]. 教学与研究，1997（10）：44.

和引导下，泰阿泰德又得出"真实的判断是知识"的结论。

二人又讨论了虚假判断的概念，认为虚假的判断作为一种错误的判断而存在，是一种误解，是认知者错认了事物的标记，将 A 事物判断为 B 事物。随后苏格拉底又推翻了这个判断。因为"误解"是不可能的。因为"正在思考两样事物的人不会把其中的一个当作另一个""如果他只思考一个事物，根本没有想到其他事物，他也决不会认为这个事物就是其他事物"。再经过苏格拉底冗长的思辨后，他得出结论：虚假的判断不存在于感觉之中，也不存在于思想之中，而是存在于感觉与思想是否相适合之中。苏格拉底进而又区分了拥有知识和持有知识的区别，类似于获得某件衣服和穿上某件衣服的区别等①。

整篇读下来大概意思是，某个苏格拉底的老朋友带着一个年轻人去拜访苏格拉底，讨论中触发了苏格拉底的一个关于知识是什么的困惑，于是苏格拉底便拉着这个年轻人一起讨论。在讨论的过程中，苏格拉底先后建立了多个知识的定义，如知识就是真实的信念、知识就是正确的信念加上解释、知识就是正确的信念伴以差异的知识等，但很快他就找到该定义的疏漏之处，尝试对疏漏进行修补，当然还是徒劳无功。实际上文章到了最后，也没有给知识下一个没有缺憾的定义。但因为柏拉图的语录集《泰阿泰德篇》探讨了什么是知识的问题，因此该问题又经常被称为"泰阿泰德问题"。

在《美诺篇》中，苏格拉底使一名从来没有受过教育的童奴能够完全凭借自己的力量推论正方形和三角形，苏格拉底解释说，这名童奴之所以能，就是因为他的灵魂在前世知道的事情今世仍旧存在，只要努力就能回忆起来，"他的灵魂永远处于有知识的状态""所以人们必须勇敢地……进行回忆，把它及时回想起来"。苏格拉底说"正确的意见只有用理性捆住，才能变成知识"，他认为知识和正确意见的区别就是有没有捆绑，美德不可教因此美德不是知识。在有人指导以达到正确目的的地方，正确的意见和知识就是两个指导性的原则②。

虽然苏格拉底（实际上是柏拉图）并没有在谈话中明确定义知识，但是后人还是根据以上对话总结了认识论层面最被广泛认知的知识定义：知识就是被证成的真信念，一般称之为 JTB 模型（justified true belief）。

---

① 柏拉图. 柏拉图全集：第 2 卷 [M]. 王晓朝，译. 北京：人民出版社，2003：649-753.
② 柏拉图. 柏拉图全集：第 1 卷 [M]. 王晓朝，译. 北京：人民出版社，2003：490-536.

这篇古希腊的上古元典，就与中国的上古元典一样，好读又深刻。一方面通俗易懂，没有什么很艰涩的论述。另一方面论证的内容既深刻又前沿，同时，也能看到古代中国先贤与希腊先贤的不谋而合。例如，柏拉图说万物皆运动，而感觉使之静止。老子说"道可道非常道"，其实也是在说，能被讲出来的真理都不是能恒久存在的真理——因为这都是对变化着的真理的切片式考察，讲出来的过程就是观察干涉的过程，干涉了以后变化的真理就坍缩为静止和片面的了。后人把老子这个判断挪到《老子》的开篇去讲，也可以说是真读懂了《老子》。同时，这个论述又与现代物理学的量子论似乎有了共振：量子论也认为物质不可知地运动着，观测使之坍缩为确定状态。

柏拉图借赛奥多洛之口对格言式论断的嘲讽也令人拍案叫绝："你一发问，他们就从箭袋中拔箭向你射来，用神谕般的格言作答；如果你想得到有关这些格言的解释，马上就会被另一句格言钉死，或者被一些新造的比喻钩住。无论与他们中的哪一位讨论都不会有任何结果，他们相互之间讨论这个问题也不会有任何结果；但是，他们在讨论中或在他们自己心中都小心翼翼地不留下任何确定的东西。我想，他们一定是把静止的事物当作他们要与之奋斗到底、竭力逐出这个世界的东西了。""他们中间没有老师和学生这回事，他们就像蘑菇一样长出来。""他们各自得到一些灵感，然后就认为他人一无所知。"苏格拉底对格言式论著及其学派的讽刺生动形象，最了解你的人确实是你的对手。中国从古到今也有很多格言式的著作，这些著作用片段的判断来描摹事实，其中有很多直击心灵的论断，让读者甚为赞叹，但想直接拿来用则很难找到尺度规范这样落地的抓手。由于此类论著一般不会用逻辑把感觉片段串起来，因此用以抚慰心绪、启发灵感甚佳，但拿来机械式（这里的机械式是中性词，类似"科学式"）地指导实践则是缘木求鱼。当然，这两种观察世界的方式各有其长处和弊端，认同其中一方的攻击并不等于完全否定另一方。

二、纷争之源：对"真"和"证成"的执拗

柏拉图的这个经典定义认为知识构成的三个条件分别是信念、真和证成。知识必然是信念，知识要被认识主体掌握，成为认识主体的思考内容或者对象才有可能成为知识。信念不一定是知识。有了信念才是成为知识的第一步，并不必然成为知识，只有真的信念才能是知识。如何定义这个"真"呢？就是信念还需要"证成"。证成是我们说某一信念或判断或知识为真时所能够提供的

充分的理由或根据。这里所说的理由或证据是指——有否在知识之外的客观事实与知识相符合。

北京大学胡军老师总结了三种证成理论。第一种是基础主义的，该理论认为知识的证成必然建立在初始前提或基本信念之上，其他所有信念均基于这些基本信念而来。第二种是融贯论，该论点持有者根本上否认基本信念的存在必要性，要求将证成和论证、推论区分，他们不需要基础信念，认为信念与信念之间的和谐一致关系足以达成证成。第三种证成理论是外在主义，持有者认为获取知识不需要初始前提或知识间的和谐一致关系，只要在获取知识的过程中有明确的因果链条即可[①]。

源自柏拉图的这个定义并没有得到最广泛的认同，大量的哲学家想要对其进行修补增删和批判。其中最著名的是爱德蒙·盖梯尔（Edmund L. Gettier），他在 1963 年第 6 期《分析》杂志上发表了一篇名为《证实了的真信念是知识吗？》（"Is Justified True Belief Knowledge?"）的简短论文，对这个定义发起了挑战（图 2-1）。

ANALYSIS 23.6   **JUNE 1963**

IS JUSTIFIED TRUE BELIEF KNOWLEDGE?

By EDMUND L. GETTIER

VARIOUS attempts have been made in recent years to state necessary and sufficient conditions for someone's knowing a given proposition. The attempts have often been such that they can be stated in a form similar to the following:[1]

(a) S knows that P   *IFF*   (i) P is true,
(ii) S believes that P, and
(iii) S is justified in believing that P.

For example, Chisholm has held that the following gives the necessary and sufficient conditions for knowledge:[2]

(b) S knows that P   *IFF*   (i) S accepts P,
(ii) S has adequate evidence for P, and
(iii) P is true.

Ayer has stated the necessary and sufficient conditions for knowledge as follows:[3]

(c) S knows that P   *IFF*   (i) P is true,
(ii) S is sure that P is true, and
(iii) S has the right to be sure that P is true.

图 2-1 爱德蒙·盖梯尔《证实了的真信念是知识吗？》论文截图

---

① 胡军. 关于知识定义的分析［J］. 华中科技大学学报（社会科学版），2008，22（4）：13-23.

关于盖梯尔的一个广为流传的八卦是：美国韦恩州立大学规定必须有论文才能给终身教职，为了满足大学的这一要求，盖梯尔迫不得已写了这一篇仅三页的论文。其实他另外还写了有一篇半，其中半篇的意思是：杂志接受了他的论文，但是给弄丢了，希望盖梯尔补寄一份，结果杂志社没想到的是，论文是盖梯尔随手写的，他没有底稿，最后此论文也不了了之①。

从网上可以很轻易地下载到 PDF 版本的论文原文，有不少人认为这篇论文用两个案例推翻了知识定义的传统观点。这篇论文如此之短，以至于前人学者研究时都是直接把论文给全部搬上来——我是查重时才发现这一点的。

盖梯尔首先列举了流传甚广的三个传统知识的定义，随后对这三个定义进行了批判，认为它们在逻辑上存在漏洞，不能成立。盖梯尔随后举了两个著名的案例，此处摘选其中之一。

假定史密斯有强有力的证据证明以下命题：

A. 琼斯有辆福特车。

史密斯的证据可能是，在史密斯的记忆中，琼斯在过去的任何时候都拥有一辆汽车，而且总是一辆福特汽车，而琼斯刚刚在驾驶一辆福特汽车时邀请史密斯搭车。现在让我们设想一下，史密斯还有一个朋友布朗，他对布朗的行踪一无所知。史密斯随意选择了三个地名，并构建了以下三个命题：

B. 要么琼斯有一辆福特车，要么布朗在波士顿。

C. 要么是琼斯拥有一辆福特车，要么就是布朗在巴塞罗那。

D. 要么是琼斯拥有一辆福特车，要么就是布朗在布列斯特-利托夫斯克。

这些命题每一个都蕴含在 A 中，也就是"琼斯有辆福特车"，史密斯根据被确证的 A 接受了 B、C、D，此时史密斯并不知道布朗在哪里。

此时再增加两个条件：首先，琼斯确实拥有一辆福特汽车，但是他现在开的其实是临时租来的。其次，由于巧合，而且史密斯也完全不知道，布朗确实在巴塞罗那。如果这两个条件成立，那么即使 C 是真的，史密斯也不知道，但是史密斯相信 C 是真的，此时这个真信念得到了证实，但这个信念显然不符合知识的定义②。

这篇论文发表以后引起了诸多争论。有些哲学家肯定这篇文章，认为具有

---

① 陈真. 盖梯尔和盖梯尔问题［N］. 中国社会科学报，2021-06-01（7）.
② GETTIER E L. Is justified true belief knowledge?［J］. Analysis，1963，23（6）：121-123.

划时代的意义。有的哲学家研究怎么给经典的定义打补丁来规避盖梯尔问题。还有一些哲学家则认为该论文不值一驳，因为他们认为作为证据的命题必须是真的，才能用以证成某一人去接受或者相信某一命题。

胡军认为盖梯尔所反对的传统知识的三个定义说的都是证成而不是证伪，盖梯尔对传统知识定义的反驳是在孤立的语境之中做出的，盖梯尔在命题的蕴含关系、逻辑关系之间的跳跃不妥，盖梯尔的逻辑推导与事物实际的内涵外延不同，盖梯尔的核心错误是混淆了知识定义与知识之间的区分，盖梯尔的反例均是在当事人不知道的情形下得到的，这种讨论已经超出了知识论的讨论范围，因此胡军认为盖梯尔的文章并没有对传统知识定义构成威胁，自认为是知识的信念不一定是知识①。

亦有学者认为，盖梯尔的理论在近50年前就被罗素不止一次论述过。例如罗素《人类的知识》中的"幸运时钟"：

假设罗素案例时间为"上午九点整"，并且在当事人抬头看的那一刻时钟刚好走完停止前的最后一下。那么按照盖梯尔的分析方法将"幸运时钟"分析成知识三要素的模式如下：

T：命题"现在时间是上午九点整"是真的。

B：当事人相信"现在时间是上午九点整"这一命题。

J：当事人的信念是得到确证的（你视力良好；时钟一直运行正常；你刚看了时钟，并且你看的时候时钟还在走）。

这与盖梯尔问题对传统知识论的挑战如出一辙。固然盖梯尔反例在逻辑上显得更复杂一些，但罗素也明确说过："当一个真确的信念是从一个虚妄的信念演绎出来的时候，便不是知识。"这涵盖了盖梯尔所要表达的意思②。

以上纷争的出现，其根本原因在于对"真"和"证成"的执着追求。对"真"的执拗追求，必然会导致怀疑论的出现——因为知识拥有着"概然性"的特征。

三、求"真"之难：知识概然性（运动性）必然指向怀疑论

伯特兰·阿瑟·威廉·罗素（图2-2）认为理解知识要从科学和心理学

---

① 胡军. 关于知识定义的分析［J］. 华中科技大学学报（社会科学版），2008，22（4）：13-23.
② 崔晓. 罗素后期知识论研究［D］. 厦门：厦门大学，2018.

两个层面去理解。关于人类的知识罗素可以提出两个问题，一是我们知道什么，二是我们是怎样知道这些知识的。前者的回答是科学，要尽可能不带任何个人的因素和完全去掉人的成分。对于第二个问题，则需要主要从心理学的角度去进行推理，并且推理所依仗的论据在性质上也属于心理学，是单独的个人的经验。我们的世界所具有的表面的公共性一部分是由于我们的幻觉，一部分是从我们的推理得到的，我们知识的全部素材都是由个别人生活中的心理事件构成的。因此，他认为在这个领域内心理学占有最高的地位。

图 2-2　伯特兰·阿瑟·威廉·罗素

罗素认为知识是一个意义模糊的概念。一方面是因为一个词的意义多少总有些模糊不清，除非是在逻辑或纯粹数学的范围内。另一方面是因为人们所认为的全部知识在或多或少的程度上是不确定的，而且人们无法判断不确定达到什么程度一个信念就不配叫作"知识"，正像人们无法判断一个人脱落了多少头发才算秃一样。

罗素认为传统学界认为知识是真的信念，这个定义过于宽泛。罗素认为知识是属于正确的信念的一个下属概念，因为每一件知识都是一个正确的信念，但是反过来说就不能成立。一个走好运的乐观主义者买了一张彩票，坚决相信自己会赢，因为运气好，他果然赢了，这样的例子有很多，这些例子说明不能仅仅因为你的话说对了就算你有了知识。

一个信念除了正确性以外还必须具备什么性质才可以算是知识呢？传统学界的观点是可靠的证据，这种观点在大多数场合下是对的，但是如果想拿它当作关于这个问题的完备说法就很不够。

罗素分析了笛卡尔、黑格尔和杜威给知识下定义的方法。其中笛卡尔强调了"不证自明"概念；黑格尔强调知识是由信念组成的整体的一致性；杜威将"知识"用"导致成功的信念"来代替，这三种方法各有其缺陷。最后罗素认为，知识是一个程度上的问题，知觉到的事实和非常简单的论证的说服力在程度上是最高的。具体生动的记忆在程度上就稍差一等。如果许多信念单独来看都有几分可信性，那么它们相互一致构成一个逻辑整体时就更加可信。最后罗素认为，知识是不确定的、含糊的，试图定义"知识"犹如定义"秃"一样可笑。

罗素认为一般所说的知识分为两类：第一类是关于事实的知识；第二类是关于事实之间的一般关联的知识。与此紧密相关的还有另外一种区分：有一种可以叫作"反映"的知识，还有一种能够发挥控制能力的知识。莱布尼兹的单子"反映"宇宙，在这种意义上单子也就"认识"宇宙；但是由于单子之间永不互相作用，它们也就不能"控制"它们身外的任何东西。另外一种关于"知识"的看法在逻辑上推到极端就是实用主义，正如马克思在费尔巴哈论纲中所提出的："人的思维是否具有客观的真理性，这并不是一个理论的问题，而是一个实践的问题，人应该在实践中证明自己思维的真理性，即自己思维的现实性和力量……哲学家们只是用不同的方式解释世界，而问题在于改变世界。"罗素认为莱布尼兹和马克思的看法都是不完全的，认为前者适用于关于事实的知识，后者适用于关于事实之间的一般关联的知识。当然这些知识都是指的非推理的知识。

罗素认为人类对于事实的知识有感觉与记忆两个源头，罗素认为一切知识在某种程度上都是可疑的，以至于罗素以一个论断结束了论述：人类的全部知识都是不确定的、不准确的和片面性的①。

此外，在其前期《哲学问题》一书，罗素在"知识、错误和或然性意见"一章谈到了信念与知识的关系。"乍看上去，我们可能以为知识的定义就是'真确的信念'。在我们所相信的乃是真确的时候，我们就会以为对于自己所相信的已经有了一种知识了。但是这就会不符合'知识'这个词的普通用法了。""因此，大部分通常可以认为是知识的东西，多少都是或然性意见。"②

崔晓总结罗素的认知辩护理论为"概率主义知识论"。从逻辑关系上看，知识定义是最基本的问题，知识论主要探究的是知识的本性和信念的证成，包括"知识是什么"和"我们如何获得知识"两个问题，也即知识定义问题与知

---

① 罗素．人类的知识：其范围与限度［M］．张金言，译．北京：商务印书馆，1983.
② 罗素．哲学问题［M］．何兆武，译．北京：商务印书馆，2000：109，116.

识确证问题。

对于知识定义问题，罗素在《人类的知识》中的结论是"知识是不确定的，不可定义的"，罗素认知辩护理论的核心主张是"知识是一个程度上的问题"——概率。一个命题如果具有最高的概率，它就具有必然性。

崔晓认为，从概念本质上说，定义只能说是一种科学概念的"经验投射"，我们无法检测这类定义在多大程度上具有合理性。此外罗素认为语言也限制了我们的表达。对罗素来说，至少在其后期知识定义观点上，罗素确认"知识"概念是"不可定义的"，试图定义知识是不合理的、愚蠢的[①]。

总之，宇宙是有规律的，规律是有前提的，失去前提的规律就变成了概率。如果你也认同罗素的观点，那么有人可能会好心提醒你将滑入怀疑论的深渊。

怀疑论在古代和现代的最著名的两个论证分布是来自阿格利帕三难悖论（Agrippa trilemma）与缸中之脑（Brains in a vat）难题，分别代表了皮浪主义的怀疑论和笛卡尔主义的怀疑论。

阿格利帕是一位古希腊的哲学家，他提出的三难悖论试图证明我们无法拥有真正的证成的信念。以下对这个悖论进行概括：

我们所有的信念都是被其他信念证成的，而其他信念又是被另外的信念证成的，另外的信念又是被另外的另外信念证成的……此时我们滑入了证成陷阱；或者我们的信念相互之间证成；或者有一些基础的信念没有被任何信念证成。以上情形分别代表了无限主义（Infinitism）、融贯论（Co-Herentism）、基础主义（Foundationalism）的观点，其信念都没有完全证成。因此在穷尽可能之后我们发现，没有任何可靠的信念，所以我们没有任何真正的知识。

缸中之脑思想实验是在笛卡尔《第一哲学沉思集》中提出的梦境世界和魔鬼造成的幻觉世界的基础上，由普特南（Hilary Put-nam）在 *Reason, Truth and History* 一书中进行的现代化改造。它假设我们所经历的一切，都不过是被豢养的大脑的幻象，这个大脑被泡在营养液中，通过各种各样的电极来模拟生理活动。此时问题来了，如果我们真的是缸中之脑，我们所感知到的虚拟世界与我们在真实环境下感知到的真实世界也是无法区分的。而如

---

① 崔晓. 罗素后期知识论研究 [D]. 厦门：厦门大学，2018：41-53.

果我们不知道自己是否是缸中之脑，那么我们怎么知道有关真实世界的知识呢？这个令人毛骨悚然细思极恐的设想，似乎与《黑客帝国》《盗梦空间》《庄子·齐物论》等优秀或伟大的文艺作品建构在同一个哲学思想上。但大多数哲学家认为数学命题和逻辑命题都是分析命题，而分析命题是与经验无关的，也就是说与你处于一个什么样的世界无关，因而是不论在真实世界还是在虚拟世界都是成立的。不过笛卡尔走得更远，他甚至认为我们具有什么样的数学信念也跟我们处于什么环境有关，因为一个恶魔的存在甚至能够让我们对"1＋1＝3"深信不疑[①]。

怀疑论者往往是完美主义者，他们要求我们所有的信念都能达到极其精准的地步，任何一点逻辑瑕疵都不能容忍[②]。

从怀疑论的角度看，知识是客观的，具有间接性，建立在沙滩之上，而且本质上是猜测性的。那么，客观意义上的知识（或思想）定义中往往就包含本体性的语词，所强调陈述的是"客观性结果"。

美国哲学家奎因认为知识的三元定义与真理之间是存在鸿沟的，所以认识论的重点应该是考察知识的获得过程，而不是对知识进行定义。奎因认为，传统认识论中的知识定义是不能给予满意的答复的，在真信念和知识之间永远有一道鸿沟。这个鸿沟是因为哲学家一直努力追求笛卡尔的确定的知识，而这种确定的知识是不符合我们的认知过程和经验作用的，所以对传统知识的三元定义一直是失败的，真信念和知识的鸿沟是无法消除的，认识论应该探讨感觉刺激与科学理论之间的关系问题。奎因主张在自然科学框架下开展认识论研究。他认为人的认识，不该应用内省的方法加以研究，而应将外界刺激作为某种实验输入，人对外在世界的认识作为理论输出，对这两者的关系进行研究。虽然研究方法改变了，但是与传统认识论有着相同的目标，即人类如何获得知识[③]。

芬兰逻辑学家和哲学家欣迪卡也认为试图定义知识是愚蠢的。他认为知识概念属于应用认识论，而非一般认识论。知识的标准涉及一些条件，根据这些条件可以确定认识论探究的哪些结论能够作为行动的基础。这表明试图在一般

① 笛卡尔．第一哲学沉思集［M］．庞景仁，译．北京：商务印书馆，1986：73.
② 柴伟佳．知识的定义对于解决怀疑论问题的重要性［J］．现代哲学，2016，3（5）：105－110.
③ 姜婷婷．蒯因自然化认识论与规范性问题［D］．天津：南开大学，2016.

认识论中定义知识是徒劳的。欣迪卡认为，我们不应该孤立地探讨知识和信念这些认知概念，而应该把它们放到人的行动和决策的语境中去探讨。在这种探讨中，至关重要的概念不是知识和信念，而是信息。我们不应该把研究重点放在知识的定义和证成，而应该放到知识的发现和获取，即把知识作为探究过程的结果[①]。

除此之外，对证成的执拗追求，还会面临先验知识的难题。

四、逻辑陷阱：难以“证成”的先验知识

哲学家认为人与生俱来拥有着一些知识。例如对时间和空间的感知，对形式逻辑的掌握，这些被统称为先验知识。甚至有些哲学家还认为，事物能否被感知，取决于它是否适应人类先验知识的架构，只有符合架构的事物才能被认知，那些不符合架构的事物，则永远不能被人类认知。人类无法想象与先验知识相反的真理，无法想象与先验知识相矛盾的事情。以上观点以休谟和康德为代表。

休谟曾经把人类知识分为两种。“人类理性（或研究）的一切对象可以自然分为两种，就是观念的关系（relations of ideas）和实际的事实（matters of fact）[②]。”第一种知识是指几何、代数、三角等科学，这种知识不依赖于经验，普遍必然、明晰。第二种知识关系到人们周围的事实，它们是依赖于经验的，因而是偶然的、不确定的。康德（图 2-3）继承了休谟的理论，也把知识分为两种：一种是“经验知识”，“仅仅后天地，即通过经验才可能的知识”；另一种是“纯粹知识”，这种知识不应该被理解为“不依赖于这个或者那个经验而发生的知识，而是理解为绝对不依赖于一切经验而发生的知识……先天知识中根本不掺杂任何经验性因素的知识叫作纯粹的”[③]。

康德认为，人类一切知识都以经验开始，但是并不因此就都产生自经验，因为经验知识往往取决于我们的认知能力从自身提供的东西的一个复合物——个人认为可能是先天的认知框架、人类认知的底层系统。康德把绝对不依赖于一切经验而发生的知识称为先天知识，其中根本不掺杂任何经验性因素的知识

---

①　HINTIKKA J. 没有知识和信念的认识论［J］. 徐召清，译. 世界哲学，2017（5）：5-21.
②　休谟. 人类理解研究［M］. 关文运，译. 北京：商务印书馆，1981：26.
③　俞吾金. 康德“三种知识”理论探析［J］. 社会科学战线，2012（7）：12-18.

图 2-3　伊曼努尔·康德

叫作纯粹的——在其中找不到任何属于感觉的东西——例如空间和时间。

康德认为人类的知识产生自心灵的两个基本来源：一个是接受表象的能力——也就是印象的感受性；另一个是通过这些表象认识一个对象的能力——康德称之为概念的自发性。通过感受，对象被给予人类，通过认识对象的能力，对象与表象的关系被思维①。

在康德看来，知识就是判断。单纯的概念并不是知识。概念联系起来形成判断，在内容上有所肯定或否定，才能构成知识。康德将判断组合成四种：先天综合判断、后天综合判断、先天分析判断、后天分析判断。康德认为只有综合判断才能增进或扩充我们已有的知识。因为"分析判断"是从概念抽绎出其所包含的概念，最多只能将原有的概念弄得更清楚，但总不能超出原概念本身，因而不能增加新知识。康德认为后天分析判断是不可能成立的。因为分析判断具有严格的普遍性与必然性，独立于经验，因而不可能是后天产生的。康德认为先天分析判断的宾词是从主词概念中抽绎出来的，即是建立在矛盾律之上的，凡符合不矛盾律的先天分析判断都是可能的，因而先天分析判断是可能的。对于后天综合判断而言，其宾词虽然不包含在主词概念之中，但借助于经

---

① 康德. 纯粹理性批判［M］. 李秋零，译. 北京：中国人民大学出版社，2003.

验，发现其与主词有联系，因而这类判断也是可能的①。

在康德的论述里，先验知识脱离实践而存在，而证成是基于实践进行的，因此哲学知识论在这里陷入了一个逻辑陷阱，这个陷阱的出现，正是由于对证成的执拗追求。

此外还可以引申出一个有趣的讨论——人与人之间，有先验知识的知沟差异吗？个人猜想，由于禀赋差异，人与人之间是有可能存在领域和深度两个方面的先验知识鸿沟的。

五、应抛弃"真"和"证成"

总体上看，西方哲学认识论里谈到的"知识"某种意义上——等同于"真理"。这与现代汉语不同，现代汉语中的"知识"其实对"真"和"证成"并没有特别强调。我们有"正确的"知识，也有"错误的"知识。

西方哲学体系认为知识是确定的真理，用于帮助学习者和研究者确定调查的边界。因此，他们对"真""证成"才有了执念。

把知识定义为真理，就时时刻刻都面临着"你怎么能确定它是真理"的拷问，在拷问与应答的论辩博弈中，认识论的框架得以搭建完成。

事实上，苏格拉底一开始就意识到了"真""证成"面临的实践难题，并亲自否认了这个知识的定义。只不过大家论证的时候总喜欢找一个更醒目的目标，因此该定义总被提及，久而久之就造成了这个观点流布甚广，给人一种"广泛认同"的印象，实际上这是一种误解。

那么我们能不能丢掉知识"真"的这个标签呢？毕竟根据怀疑论的观点，"真"是极其可疑的概念：真是相对的，真是流动的，真是难以证成的。

从实践的角度来看，错误的知识指导实践却得到了预期的结果，或者说无法证成的理论指导实践得到了预期的效果，这样歪打正着的案例在人类社会不胜枚举。例如，曹操欺骗下属"望梅止渴"，就是错误的知识却得到了预期的效果。在物理学上，我们发现了很多目前还难以证成的理论，但这并不影响我们拿来使用它指导实践。再如，在改革开放初期，我们还不知道路在何方、石头在哪里藏着的时候，我们鼓励人民群众发挥主观能动性，创造了著名的"猫

---

① 王朝元，兰荣娟. 科学知识：先验的综合判断：康德知识观简论 [J]. 广西师范大学学报（哲学社会科学版），2008，44（6）：120－123.

论"——"不管黑猫白猫，逮住老鼠就是好猫"。以上种种，如果按照知识的严格定义，都不能算是知识。

心理学鼓励某些领域的"自我欺骗"。研究证实，在某些领域通过自我欺骗有助于取得实质的成功。例如，科学家发现高效率者普遍存在的自我欺骗习性。研究者对纽约某大学游泳队的队员们做了一组调查，结果发现："善于欺骗自我的人在大型赛事中总是游得比较快。""比起不懂得自我欺骗的人，懂得自我欺骗的人在学校成绩和商业成就上会有更好的表现。""美国学生的研究显示，在面谈时欺瞒和夸大自己学习成绩的人，会在随后赶上他们之前说的那个分数。"

亚当·斯密（图2-4）甚至认为正是这种自我欺骗"振奋并维持人类产业的运作"。亚当·斯密在他的《道德情操论》一书中描述了一位穷人的儿子羡慕有钱人的富裕生活，当看到他们拥有的光辉的宫殿、漂亮的马车和成群的仆人时，他想："如果我能得到这些的话……生活一定会变得很安宁……光是这么想想都觉得很幸福。"醉心于这个遥远的梦想，他一生都在为此努力。但实际上，他看到的宁静是一种错觉。他变得富有，但他必须努力工作，不得休息。"穷其一生，他都在追求别人的、高贵的休憩，这是他可能永远都得不到的。为了这个目标，他牺牲了真正的平静①。"

以上错误与错觉，虽然不"真"也不能"证成"，但是它们确实指导了人的行动，并产生了一定的结果，不称其为知识的话，它们与知识的

图2-4　亚当·斯密

----

① 伊恩·莱斯利. 说谎心理学：为什么不说谎，我们就活不下去？［M］. 长沙：湖南文艺出版社，2013：165-166.

关系又该如何界定呢？

六、小结："流行"与"公认"

柏拉图的知识定义给人一种"广泛接受"的错觉。柏拉图的知识定义被后世学者广泛引用与审视的原因在于其肇始的特征——他是第一个讨论并记录下来的人，因此研究者进行研究综述和溯源的时候，总要提及该定义，并审视评判一番，这并不能说明该定义是被"广泛接受"的。

恰恰相反，这个定义由于其固有的缺陷，已经在最初始的讨论中被抛弃，研究者们往往没有注意到这一点，而执拗地把它拿出来反复拷问。

考察知识的产生和流动过程，给知识的限定越少，距离底层的真相就越近。经典"知沟"假说的知识定义过分狭窄，哲学的知识要求也很苛刻，真和证成在考察知识产生与传播时会带来一系列困扰认知论许久的困难。

一般来说，我们关注的知识声称都是一些有所思考而明智的判断。有些知识领域是富有争议的。知识的来源包括知觉、记忆、证词、内省、推理、理性洞察。标准看法认为我们可以依靠以上来源获取知识，当然，这些知识不是完美无缺的。许多哲学家认为，知识是理性的或有证成的真信念，并且这个真信念没有必不可少地依赖于一个错误命题。怀疑主义者认为我们知道很多事情的自信断言源自一种相当自鸣得意的自信，这种自信完全没有道理。自然主义者强调自然科学（或经验科学、实验科学）的作用。相对主义者看来，人们的信念和人们形成信念的策略有很大差异，有些人乐意基于相当少的证据而相信，有些人则似乎要求有大量的证据。一些人坚信科学的力量，另一些人则指责这些人为拜科学教，跟宗教信仰者没有区别。此外，人们在政治、道德和宗教问题上也存在很大差异。知识包括知道事实的命题知识，它需要真理和信念的加持，也就是说你要知道某事物，并相信它，而且它是真的①。

知识是运动着、变化着的。"虽然存在物理现实，但我们永远不能说我们所知的就是真相，因为我们所有的知识都是在特定的文化背景下，根据我们自己的个人经历和社会互动建构起来的，而不仅仅是被动地接受和储存教育者提供的知识，甚至是从教科书、讲义或其他类似的书面资料中读取的知识。"

---

① 理查德·费尔德曼. 知识论 [M]. 文学平，盈俐，等译. 北京：中国人民大学出版社，2019：2-8.

但如果要追索知识的创生，用最底层的概念“信息”似乎是合适的。物质、能量与信息，可能是目前我们能找到的最底层的概念了。

第二节 信息论视角下的知识

“信息”二字很早就存在于汉语中，原义仅指消息、音讯。例如，唐代就有“梦断美人沉信息，目穿长路倚楼台”的诗句，清末中文报纸也频繁出现“北京信息”“杭州信息”这样的表述，伍静认为信息长期以来是作为书面语使用的，口语中并不常见[①]。

现代科学意义上的“信息”是随着信息论、控制论、系统论等信息科学译介到我国才出现的一种科学术语，长期仅运用于电子学、工程学等电子通信诸学科中。后来由于社会学学者们长期努力，“信息”成为信息时代最基本、最重要的概念，与其科学原意有所区别。

一、信息论及其框架的扩散[②]

（一）信息强调“概然性”特征

1948 年，1 篇论文连载于 7 月和 10 月出版的两期《贝尔系统技术期刊》上，共 79 页。论文作者克劳德·艾尔伍德·香农（图 2-5）自己也不知道，他无意中开创了一门学科，并拯救了很多陷入框架和语汇困境的社会科学门类。

香农长期从事电子信息的传播研究。他曾经考虑用某种手法打包和压缩电视信号，从而更快地加以传输。为了寻找一种统一的框架来梳理他头脑中的各种想法，香农开始着手整合一种有关信息的理论。香农在 1939 年写给麻省理工学院的万内瓦尔·布

图 2-5 克劳德·艾尔伍德·香农

---

① 伍静. 中美传播学早期的建制化历程与反思 [D]. 上海：复旦大学，2007.
② 詹姆斯·格雷克. 信息简史 [M]. 北京：人民邮电出版社，2011：1-100.

什的一封信中写道："时断时续地，我一直在研究传递信息的一般系统的某些基本属性。"

香农在推演"完美密码系统"的过程中，使用了"信息论"的概念。香农为了使自己的研究更为明晰，他决定剥离信息附加的"意义"成分："对于信息论的研究而言，讯息的'意义'基本上无关。""这里的'信息'，虽然与这个词的日常意义有关，但不应该与其相混淆。"剥除了语义内容的信息，剩下的可能是不确定性，是出人意料，是困难程度，是熵。

"信息与不确定性密切相关。"有一些讯息出现的可能性比其他讯息要大，这里其实讲的是概率。信息是熵。熵是热力学中度量系统无序程度的概念，被引用到这里显得很奇怪。这也是香农这篇论文很多人看不懂的原因。

为了解决这个问题，时任洛克菲勒基金会自然科学部主任的沃伦·韦弗在《科学美国人》杂志发表了一篇不是很技术化的赞誉文章，介绍了香农的理论。随后在同一年，香农的论文和韦弗的文章被结集成书，以《通信的数学理论》（*The Mathematical Theory of Communication*）为题出版。贝尔实验室的工程师约翰·罗宾逊·皮尔斯形容信息论的出现"犹如颗炸弹，而且还有点像是颗延时炸弹"。

（二）信息系统与知识传播历程

正如韦弗努力试图解释的，信息论不是一种狭隘的通信概念，恰恰相反，这样的概念包罗万象，"不仅涵盖了口语和书面语，还有音乐、图像艺术、戏剧、芭蕾，乃至事实上所有的人类行为"。其实还包括非人类：机器就没有讯息要传递吗？一个通信系统必须包含以下要素：

一是信源，指产生讯息的人或机器。这里的讯息可以简单如一个字符序列，就像在电报或电传中的情形；也可以表达成时间及其他变量的数学函数。香农指出，在彩色电视这个复杂情形中，讯息就是由三维连续统定义的三个函数表示的。

二是发送器，"对讯息执行某种操作"（也就是对讯息编码）以得到适当的信号。电话机将声压转换成模拟电流，电报将字符编码成点、划和停顿。更复杂的讯息可能会经过采样、压缩、量化和交错等操作。

三是信道，"传输信号所使用的媒介"。

四是接收器，执行发送器的逆操作，对讯息解码，或从信号中提取出讯息。

五是信宿，是位于另一端的"人（或物）"。

此外，在香农的示意图中，还有一个方格与其他要素同样显著，那就是噪声，毕竟这对工程师来说避无可避。这涵盖了一切会削弱信号的东西，有些事先可预测，有些则不可预测，如多余的附加信号、明显的错误、随机干扰、静电、天电、干涉、失真等。

香农将种种各不相同的通信系统大致分成了三类，一类是连续的，一类是离散的，还有一类是混合的。在离散系统中，讯息和信号由分立的个体符号组成，如字符、数字或点划。但除了电报，当时的电气工程师每天面对的大多是连续系统，其中的讯息和信号是被视为连续函数。如果要想在一个信道上传递更多信息，工程师通常的做法是增大信源的输出功率。不过，这个方法在远距离通信中会失效，因为一次又一次地放大信号，只会导致噪声的逐渐积累。

香农避免这个问题的办法是，把信号视为一串离散符号。这时，讯息发送者可以不通过增大信源的输出功率，而是通过使用额外的符号用于纠错，以此来克服噪声的干扰。这就像非洲的鼓手在进行远距离沟通时，他并不是更用力地去击鼓，而是为自己的言语增加额外的字词。香农认为，离散的情形在数学上更为基本。此外，他还考虑到了一点：把讯息视为离散的，这不仅可以应用在传统通信领域，还可以应用于另一个新兴的小众的领域——计算机器理论。

现如今，我们已经可以清晰地认识到，信息是我们这个世界运行所仰赖的血液、食物和生命力。它渗透到各个科学领域，改变着每个学科的面貌。信息理论先是把数学与电气工程学联系到了一起，然后又延伸到了计算领域。在英语国家称为"计算机科学"的学科，在一些欧洲国家则被称为"信息科学"。

信息的传播历程，与知识的传播历程是如此相像，甚至信息系统可以无缝切换到知识传播的模拟中，这让困于缺少独特学术框架的传播学如获至宝，因此被迅速引入了传播学领域，甚至已经变成了传播学世界的底层代码，改变了传播学的面貌——虽然这个进程，并不是每一个传播学者都能够欣然接受。

二、传播学与情报学视角的信息论[①]

（一）传播学充满争议的引介

一般认为信息论与传播学搭上关系离不开威尔伯·施拉姆（图 2-6）的

---

① 伍静. 中美传播学早期的建制化历程与反思 [D]. 上海：复旦大学，2007.

引介。此时传播学为一个饱受"无学"攻击的新兴领域。传播理论家兼战略家施拉姆偶然的机会撞见在自然科学领域红得发紫的信息论后，简直兴奋得发抖。他很快促成了《通信传播的数学理论》一书的出版，将信息论引入了传播学。

这本小册子造成了一些囫囵吞枣的误解。有些人误认为韦弗是香农信息论的合作者，认为将信息论应用到人类传播领域也是出自香农的本意。但其实香农在原作中一再声明和强调他的信息论与意义无关，所关心的只是"在一端精确地或近似地复现另一端所挑选的讯息"的问题。

这些误解导致了新的批判。其中彼得斯认为施拉姆把信息论引入传播学，是"把陈词滥调的熏天臭气搞得

图 2-6　威尔伯·施拉姆

流毒更广"。潘忠党也认为"不少资料和事实证明，信息论对传播学的学理贡献几乎等于零"。

面对这种吃相难看的社会科学学者们，数学家和工程师们不免感到不悦。香农本人便把信息论称为一种科学"潮流"（bandwagon），并以此为题在1956年写了一篇仅有四段话的短文，特意进行提醒：

许多不同领域的科学家为其浩大声势及其开辟的科学分析新思路所吸引，正纷纷将这些思想应用到自己研究的问题上去……尽管对于我们这些从事这个领域研究的人来说，这一波流行热潮固然让人欣喜和兴奋，但同时它其中也带有危险的元素。

首先，其他领域的工作者应该认识到，这门学科的基本成果是针对一个非常具体的方向，这个方向不一定与心理学、经济学和其他社会科学领域相关。事实上，信息论的核心本质在于其是数学的一个分支，是一个严格的演绎系统。深入理解数学基础及其通信应用是将信息论应用到其他领域的前提。……

但是建立这种应用并不是把专业术语翻译到一个新的领域这样一件简单的事情，而是一个缓慢而乏味的假设与实验验证的过程。

"这样的应用，并不是简单地将术语翻译到一个新领域，而是需要经过缓慢而艰辛的假设和实验检验的过程[①]。"

这些话显然社会学家们是听不进去的，正如你不能对一个溺水的人说"请放开那根稻草，它会被你扯坏的"。

（二）信息论造成的情报学知识定义纷争

信息论大行其道的时候，曾经攻占了不少其他学科的领地，如情报学。20世纪八九十年代，掀起了一波"信息""知识""情报"之间概念辨析的热潮，不少学者为维护自己的领地，都提笔加入论战，表达自己的意见。

有的学者认为三者是同心圆的关系，其中信息囊括知识，知识囊括情报。也有学者认为不能用同心圆的关系来描述，因为人们接收到的信息与原信息总是存在差异，无法完全精确地复刻，因此会有部分错误的信息不在信息范畴之内。还有学者认为情报是衔接信息与知识之间的桥梁，是特定情况下信息在传递中知识化的过程，因此三者虽然是同心圆的关系，但是信息大于情报，情报大于知识。另有学者认为信息和知识不存在包含与被包含的关系，他们只有特性的差别，知识是特定时空系统中的信息，情报则是为了某个或多个目的而收集的信息或知识[②]……

相关文献还有很多，但是我们已经发现，这些研究相互之间很难沟通。其中一个重要原因是，研究者对这三个名词的概念并没有统一起来，而他们并没有很清楚地意识到这一点。这种情况下的论辩，最后只能是鸡同鸭讲。

三、信息论视角下的知识占有差异[③]

根据李志昌的研究，从人的认知活动来看，信息的理论定义可表述为"信息就是传递中的知识差"。这个概念为信息论与知沟研究建立联系搭建了某种桥梁。他具体分析了该定义，内容实际上均关涉知沟研究的基础问题。

（一）知识差：知沟的产生基础

所谓知识差就是"已知"和"未知"的差别。知识差指明了信息的指向性

---

① SHANNON C E. The bandwagon [J]. IEEE transactions information theory, 1956，2：3.

② 杨蒙达. 信息、知识、情报的关系综述 [J]. 图书情报工作，2009 (1)：154-158.

③ 李志昌. 论信息的知识论定义 [J]. 楚雄师范学院学报，2004，19 (5)：127-129.

和相对性。"指向性"是指信息总是从已知者传向未知者；"相对性"是指已知者相对未知者才能产生信息，而已知者相对已知者或未知者相对未知者都不能产生信息。知识差是信息发生的基础，传递则是信息发生的过程。"知识差"和"传递"这两个要素缺少一个，信息都不会发生。概括来说，一个人通过信息传递活动，获得了未知的知识（消除了知识差），就是获得了信息。李志昌认为这里的知识差相当于香农信息概念中的"认识上的不确定性"。

（二）价值与知沟

信息之所以存在价值，关键在于存在知识差。知识差是在某一特定信息环境中认知主体未知的信息。认知主体通过信息收集活动，获得信息，消除知识差，消除认识上的不确定状态，提高自己的决策质量，从而能够获得活动的预期效益。

（三）信息与知沟弥合

消除了知识差就使得认知主体的知识得到增长。同时，知识差概念也说明了信息收集与处理活动的意义所在，即能够消除知识差，促进认知主体的知识增长。定义还表明，信息具有层次性、不可分性（整体性）、相对性和共享性，这是由知识差的层次性、不可分性、相对性和共享性决定的。

（四）信息论视角下的知沟

第一，"知识差"和"传递"是信息发生或信息运动的基础和条件。"差"和"传递"是自然界中相互联系的两种现象，它们的相互作用构成自然界的运动规律。落差的存在使得水能够流动，气压（压力差）的存在使得气流能够形成，温差的存在使得热量能够传递，电压（电位差）的存在使得电流能够产生，等等。信息的运动同样是在"知识差"和"传递"的相互联系中形成的。没有知识差，就没有传递的必要；没有传递，就不能消除知识差；没有知识差，没有传递，就不能形成信息运动。

第二，在人的认知活动过程中，知识差是存在于信息源与认知主体之间知识集的逻辑差，正如数之差仍为数一样，知识差也属于一种特定知识，它表明信息存在的事实和度量。

第三，认知活动中的信息，本质上是一种人的主观知识（已知信息）与客观环境中的事件状态（事物情况的不确定性）之间概率性建构的知识差，正如维纳所说，它既不是物质，也不是能量。

如果我们接受信息是传递中的知识差的概念，那么其中隐藏着概念就是双方都占有的知识默认是冗余。所以其实这里的信息与知识是同义的。

在本书中，知识定义前后是不一样的。在前大半部分探究知沟形成的研究中，我们默认知识与信息同义，最大化减少知识身上的限定词，以探寻其中最底层的真相。在掌握底层真相，转而开始尝试搭建知沟弥合的框架时，为了适应先行假说，增加了立场与价值观的限定，知识的范围则相对缩小，具体视论述情况分别阐述。

四、小结：信息论的重要贡献

香农的理论在信息与不确定性、信息与熵，以及信息与混沌之间架起了桥梁，是信息时代的先声与先导。“人类曾经以采集食物为生，而如今他们重新要以采集信息为生，尽管这看上去有点不和谐。”马歇尔·麦克卢汉在 1964 年如此评论道。

香农的影响一开始就不仅局限于自然科学领域，而是引起了人文社会科学的广泛关注。作为一种开创性的思想，信息论逐渐影响了哲学、语言学、社会学、传播学等诸多研究领域，甚至化学、生物学、医学、遗传学、经济学、文学、心理学等看起来与物理学和信息学相去甚远的科学都能够从物理学和信息学中找到其最基础的依据[①]。

在知识占有差异研究中，信息论贡献了重要的“信息”概念，新视角及由此导致的信息与知识概念的碰撞，打开了新世界的大门。大千世界纷繁信息，只要被认知到，就可以称之为“知识”。信息论中信息系统的建构，同时也可以拿来作为知识传播系统的框架，二者如此贴切，以至于让人产生一种错觉，是否信息论建构了一个学人一直以来的梦想——从物理学到社会学的通用框架。

第三节　认知科学视角下的知识与知沟

一、从哲学到认知科学

传统的认知科学是研究人、动物和机器智能的本质和规律的科学，最早于

---

① 刘永谋.媒介编码 VS 社会控制：尼尔·波兹曼的信息论［J］.自然辩证法研究，2011，27（5）：90－95.

1956 年在美国麻省理工学院产生，其核心分支学科是认知心理学和人工智能。其是关于知识及其应用的科学，是对长期以来存在的认识论问题，特别是与知识的性质、成分、源泉、形成与应用有关的问题作出回答的、现代的、基于实验的工作，是关于智能实体与其环境相互作用的原理的学问，其目标是发现心灵的表示和运算能力及其在人脑内部的结构与功能上的表现[1]。

江畅等总结了知识论与认知科学之间的四大区别。

第一，从研究范围看，认知科学主要研究人的认知过程。而知识论研究人的整个认识，包括所有不同的认识类型的共同本性、应然本质和规律，以及知识的学科形态及与意识形态的关系等。

第二，从研究目的看，认知科学是要揭示人的心智的秘密，要对认知进行描述。而知识论则是要构建知识的本性和本然本质，要对创造和生产知识的活动进行规范和引导。

第三，从研究任务看，认知科学主要是要发现心智的机理和过程。知识论主要研究知识的本性、生成、确证和意义，揭示人类知识的真实面目。

第四，从研究方法看，认知科学主要是通过科学实验得出科学结论，而知识论则主要通过哲学思辨形成哲学理论。认知科学方法的精髓是实验、实证、求真，而知识论方法的精髓是反思、批判、求真[2]。

二、认知科学下的认知神经科学

神经科学旨在从分子水平、细胞水平对大脑内与学习和记忆相关的一系列神经活动进行研究。各种脑认知成像技术相继问世，推动了神经科学的发展，并建立起了认知科学与神经科学之间的沟通桥梁，产生了认知神经科学这一新生学科[3]。

认知科学与认知神经科学有诸多不同。在研究内容方面，认知科学关注的是行为背后的"内在状态和认知过程"，而认知神经科学主要关注实现认知加工的物质基础。在研究方法方面，认知科学通过实验设计，分离不同的认知加工过程和用计算机模拟大脑的认知过程；而认知神经科学则采用脑成像技术试

① 张铁声. 从认知科学到认知学 [J]. 晋阳学刊, 1992 (2)：52 - 57.
② 江畅, 宋进斗. 重新认识知识论的性质 [J]. 江汉论坛, 2022 (7)：49 - 59.
③ 汪晓东, 张立春, 肖鑫雨. 大脑学习探秘：认知神经科学研究进展 [J]. 开放教育研究, 2011, 17 (5)：40 - 51.

图直接观察到大脑的活动①。

认知神经科学运用事件相关电位、正电子发射计算机断层扫描、功能性磁共振成像、脑电图、脑磁图等神经成像技术，把行为、认知和脑机制三者有机结合起来，试图从分子、突触、神经元等微观水平上和系统、全脑、行为等宏观水平上阐述人在感知客体、形成表象、使用语言、记忆信息、推理决策时的信息加工过程及其神经机制②。

认知神经科学领域的研究基于"认知过程和神经活动有特定的对应关系"的假设，试图探明认知活动的脑机制。该领域包括认知神经心理学、认知生理心理学、计算神经科学、人工智能等核心学科分支，具有高度的跨学科性、学科交叉性。

三、认知神经科学中知沟相关研究成果③

（一）选择性注意的神经机制与知沟

研究表明个体不能对在同一段时间内所接触的所有信息进行加工，其中相当一部分信息会被忽略，这种现象被称为选择性注意（Selective Attention）。对该现象的研究旨在回答大脑是如何选择性地注意来自外界感知觉信息以及以何种机制对这些信息进行存储、加工的问题。

Broadbent 在 1958 年提出了注意的过滤器模型，认为在高度并行的感知觉系统和有限容量的存储记忆系统之间存在着一个过滤器，对外界刺激信息进行筛选。Desimone 和 Duncan 提出了注意的偏向竞争模型，该模型认为客体会对有限的注意资源进行竞争。

目前相关研究判断选择性注意是由大脑不同区域组成一个特定的网络实现的，它既不是某一脑区的特性，又不是全部脑活动的整体机能。此外，参与注意的诸多脑区并不执行同样的功能，不同区域分配有其特定的任务。人们在研究中发现工作记忆对选择性注意具有重要的导向作用，个体的工作记忆会主动

---

① 张琳，刘玲，刘嘉. 破译人类"黑匣子"：与教育相关的脑科学研究 [J]. 中小学管理，2014 (6)：4-9.

② 王道阳，戚冬，陈天刚. 教育神经科学的发展现状、影响及对策 [J]. 教育生物学杂志，2016，4 (3)：144-147.

③ 汪晓东，张立春，肖鑫雨. 大脑学习探秘：认知神经科学研究进展 [J]. 开放教育研究，2011，17 (5)：40-51.

引导其对客体的选择性注意加工。

选择性注意表明即使是面对同一事物，不同的人获取的知识侧重点和深度都有较大不同，因此在这个意义上知沟广泛存在难以避免。

（二）知沟的生理性基础

认知神经科学关于记忆的研究揭示了知沟的生理性基础。

在记忆过程与大脑特定区域关系的研究中，探讨比较多的包括额叶、海马等区域，通过脑损伤病人以及利用 ERP、fMRI 等先进技术进行的脑功能定位研究，人们将特定的脑区域与各类记忆联系起来，但对于这种联系的理解与解释还不是很具体和精确。

研究者在对遗忘症患者的研究中发现内侧额叶（Medial Temporal Lobe，MTL）是大脑中对记忆发挥着重要作用的关键部位，波士顿大学认知神经科学实验室得出了海马是陈述性记忆加工重要区域的结论。Sauvage 等利用行为学方法，对海马损伤后的老鼠的存储和巩固能力进行观察测试。结果发现海马并不同时负责陈述性记忆的存储和巩固。同时，Farovik 等也在他们的研究中发现内侧前额叶皮质区（Medial Prefrontal Cortical Area，MPFC）只支持记忆的存储过程，而没有巩固过程。

Manns 等设计了气味顺序记忆实验，了解了老鼠大脑海马区域在完成整个事件记忆任务过程中的活动变化情况，结合一系列实验，该项目研究者认为在内侧额叶中共同完成记忆的存储和巩固过程是由各个不同的区域相互协调完成的。

本部分研究证明知沟研究不能忽视生理性的差异导致的知沟现象。

四、认知心理学视角下的知识与知沟

语言学家乔姆斯基认为人的语言能力的获得和形成是人脑固有属性和后天经验相互作用的结果，认为人们对语言的了解更多受制于人类天生就拥有的语言习得机制。因此是人脑的结构而不是刺激反应模式决定着人们的语言习得[①]。

现代认知心理学把知识定义为：个体通过与其环境相互作用后获得的信息

---

① 王荣花. 认知心理学的心理学及语言学思想溯源 [J]. 西北大学学报（哲学社会科学版），2010，40（6）：173 - 175.

及其组织。贮存于个体内是个体的知识，贮存于个体之外的，即为人类的知识。个体的知识可分为陈述性知识和程序性知识。前者主要以命题网络或图式表征，后者以产生式的方式表征。图式是对同类事物的命题的或知觉的共性的编码方式，是一般的、抽象的和有层次的，不仅可为知识贮存提供框架，而且还对新的信息加以改造，使它适合于已建立的图式。产生式是经过学习而在人头脑中贮存的一系列如果/则形式表示的规则。这里如果的内容是信息，即保持在短时记忆中的信息；则是行为，不仅包括外显行为，还包括内在的心理活动或运算。

研究认为程序性知识学习的第一阶段是陈述性的。第二阶段是通过应用规则的变式练习，使规则的陈述性形式向程序性形式转化。第三阶段是程序性知识规则完全支配人的行为，整个活动达到相对自动化①。

五、分析心理学视角下的知识与知沟

分析心理学认为，人类潜意识里隐藏了大量的知识。

在分析心理学发展的早期，弗洛伊德认为这些知识是"受压抑、被遗忘的心理内容"，主要来自个人早期生活特别是童年生活中受到压抑的心理内容。

后来卡尔·古斯塔夫·荣格（图2-7）发展了弗洛伊德的理论，他认为："或多或少属于表层的无意识无疑含有个人特性，作者愿称其为'个人无意识'，但这种个人无意识有赖于更深的一层，它并非来源于个人经验，并非从后天中获得，而是先天就存在的。作者将这更深的一层定名为集体无意识。选择'集体'一词是因为这

图2-7 卡尔·古斯塔夫·荣格

① 丁家永. 知识的本质新论：一种认知心理学的观点［J］. 南京师大学报（社会科学版），1998（2）：67-70.

部分无意识不是个别的，而是普遍的。它与个性心理相反，具备了所有地方和所有个人皆有的大体相似的内容和行为方式。换言之，由于它在所有人身上都是相同的，因此它组成了一种超个性的共同心理基础，并且普遍地存在于我们每一个人的身上①。"

荣格认为个人无意识的内容主要由"带感情色彩的情结"所组成，构成心理生活中个人和私人的一面。而集体无意识则属于"原型"，荣格列举了一些外在的表达案例，如原始部落的传说、神话和童话等，荣格认为原型的内涵是"尚未经过意识加工的心理内容，是心理经验的直接材料"。

具体说来，荣格认为集体无意识就是"本能行为的模式"：任何时候，当我们面对普遍一致、反复发生的行为和反应模式时，我们就是在与本能打交道，而无论它是否与自觉的动机联系在一起。

荣格认为："生活中有多少种典型环境，就有多少个原型。无穷无尽的重复已经把这些经验刻进了我们的精神构造中，它们在我们的精神中并不是以充满着意义的形式出现的，而首先是'没有意义的形式'，仅仅代表着某种类型的知觉和行动的可能性。当符合某种特定原型的情景出现时，那个原型就复活过来，产生出一种强制性，并像一种本能驱力一样，与一切理性和意志相对抗。"荣格认为这些潜藏的"原型"是精神疾病的来源②。

那么，如何来找到这些"原型"呢？荣格认为应该从"梦"和"积极想象"两个方面去触摸。

分析心理学的有些知识可以用进化论之类的观点来解释，如人类普遍对蛇的恐惧心理、对黑暗的恐惧心理等。通过漫长的演化，人在出生之始，身上就被预装了从纲目科属种各层级祖先那里继承下来的各种"软件"，这些"软件"在不同的情景和时间里被动或主动地被激发运行。

另外有些知识解释起来则近乎灵异。特别是当生物学家从自然科学的突破里学到了更多新名词之后，部分当代分析心理研究认为有些预先被继承下来的"知识"甚至超越时空限制，达到了匪夷所思的境界。

---

① 荣格．荣格文集［M］．冯川，译．北京：改革出版社，1997：39-41.
② 荣格．荣格文集［M］．冯川，译．北京：改革出版社，1997：90-91.

六、认知传播学视角下的知识与知沟

(一)认知传播与知识研究①

认知科学的发展及其研究极大影响认知传播的研究方法、对象与框架。传播学与认知神经科学结合,可以探讨传播认知过程的生物学基础,可以直接观测脑内活动信号,可以直接研究传播的微观过程。生理测量一方面用于证明媒体对身体机能的影响是可测量的,另一方面又反过来影响信息的接受方式。

《传播与认知科学:媒介心理生理学测量的理论与方法》的出版标志着传播学研究的认知神经范式产生。2012 年出版的《媒介心理反应测量》(*Measuring Psychological Responses to Media Messages*)被视为"突破了单纯技术上的讨论,解释具体的心理测量如何用于评估媒介信息的心理加工的框架",认知传播研究得到主流传播学界的认同。国际传播协会(ICA)也开始举办以"进化、生物学与大脑"为主题的会议,这些会议讨论将认知神经科学方法、心理学方法整合到传播研究领域。

在国内,20 世纪 80 年代就有运用认知科学或心理学的一些概念、理论解读传播现象,不过直到 21 世纪第二个十年才较规范地、系统地把认知科学和传播研究结合起来。代表的学者有喻国明和欧阳宏生等。2020 年欧阳宏生出版专著《认知传播学》,尝试研究认知传播的基本概念、基本理论、学科溯源,以及搭建认知传播学科框架。

1. 知沟理论产生的认知心理学背景

20 世纪 20 年代末,美国社会心理学家开始研究劝服与态度变化、电影对儿童的影响和人际传播。这个时期的研究与皮下注射论的媒介效果范式相结合,在佩恩基金会的支持下出版名为《电影与青少年》的八卷本系列著作,通过实验法和田野研究法,发现各种类型的电影对儿童和成年人产生的情感效果。

20 世纪 30 年代初期,行为主义盛行并影响传播研究,它多以行为实验法和调查法研究传播过程和效果之间的因果关系,归纳演绎法成为实验传播研究和媒体心理学中的标准认识论。议程设置理论、使用与满足理论、知识沟理论等是在行为主义取向下的成果。

---

① 晏青.认知传播的研究取向、方法与趋势 [J].南京社会科学,2020 (5):97-108.

行为主义取向的局限包括放弃对意识和心理等内部心理过程的研究，过于强调刺激-反应模式，无法考察刺激和反应之间影响行为的生理因素、遗传因素，和知觉模式、记忆痕迹、目的和期待等认知因素。

2. 身体与意识的同一性与连续性①

具身心智的概念最初是哲学家对笛卡尔以降心物二元论的反思，20 世纪下半叶以后，心智的具身特征进入了不同学科的视野，身体对心智的塑造作用成为神经科学的主题。具身心智的倡导者认为，认知、思维、判断、推理、情绪和行动等是一体的过程，同身体和环境、活动和任务紧密联系在一起。

首先，身体的物理属性和结构，身体的物理状态对心智有直接的塑造作用。"认知和心智的特性在很大程度上同身体的物理属性相关。不仅脑神经水平上的细节对认知过程有重要影响，身体的结构、身体的感觉运动系统也对高级认知过程的形成有着至关重要的作用。认知等高级心理过程是被身体及其活动方式塑造出来的②。"似乎"心智与大脑和身体就是一个东西，虽然通过不同的方式得以展示并可以利用不同的方式加以接近，但是它们遵从一元论的，而不是二元论的同一物理宇宙的规则"③。

其次，认知是身体与世界的互动方式。"概念知识是具身的，也就是说，概念知识定位于感觉-运动系统……感觉-运动系统不仅为概念的内容提供了结构，而且概念的语义内容反映了身体在世界中发挥的功能④。"神经科学的研究表明，想象中的动作与实际的动作所涉及的是同一神经基质。这启示我们，所谓高级认知过程并非脱离身体的抽象符号加工，其内容和过程都反映了身体及其与世界的互动。

最后，心智在大脑中，大脑在身体中，身体在环境和世界中。心智、大脑、身体和环境是一个有机的整体。心智的具身性，认知的身体制约性，都离不开身体。由于心智、大脑、身体和环境的一体性，身体不仅指个体的身体，还包括了家庭的"身体"和环境的"身体"。因此，心智具身性的含义扩展到

---

① 叶浩生，杨文登. 具身心智：从哲学到认知神经科学 [J]. 自然辩证法研究，2013，29（3）：3-8.

② 叶浩生. 有关具身认知思潮的理论心理学思考 [J]. 心理学报，2011，43（5）：589-598.

③ ROSE R M. Embodying the mind：a brief history of the science integrating mind and body [J]. Neuro image，2009，47（3）：785-786.

④ GALLESE V，LAKOFF G. The brain's concepts：the role of the sensory-motor system in conceptual knowledge [J]. Cognitive neuropsychology，2005，22（3/4）：455-479.

了环境和世界。认知不仅是具身的，还是嵌入环境的，与环境紧密联结。

尼采认为身体给人的印象是最真实的，身体从不说谎，说谎的恰恰是理性。"智者说，我完全是我的身体，此外什么也不是；灵魂只是身体上某一部分的名称……你的小小理性也是你身体的工具……从事创造的身体为自己创造了精神，作为其意志之手①。"

实用主义哲学家詹姆斯认为心智是人类进化的产物，是适应环境的结果。"离开了为有机体所认识的物理环境，心理事实就无法得到恰当的解释。传统理性心理学的最大错误就在于把灵魂确立为一个绝对的精神存在，认为这个精神存在有某些官能，并以此解释记忆、想象、推理和意志等活动，几乎一点也不考虑这些活动赖以产生的物理世界的特殊性。然而，现在更为明智的观点是把这些内部官能视为对我们居住的这个世界的适应……"②

杜威也是从进化和适应的角度认识心智。他认为任何形式的心智都是一种以身体或身体的活动为基础的存在。"意志不是一种身体外部的力量。只要身体被组织起来执行某些特殊而复杂的行为，那意志（只要涉及身体控制）就是身体。通过构成身体的机制以及表达，意志已经赋予了它自己具体的存在③。"杜威认为运动动作同思维和推理等高级认知活动之间并不存在一个泾渭分明的界限，仅仅是量的差异。"在思想的操作和生物与物理操作之间，并不存在一个连续的断裂。连续……意味着理性操作源于有机体的活动，虽然这两种活动并不是同一的④。"由于视意识活动与身体的结构和动作是不可分割的一体，所以杜威等人特别关注他那个时代生物学、生理学和脑科学的进展⑤。

（二）心理学对传播学的影响⑥

心理因素作为中介因素影响传播效果，传播活动中的某些心理现象可直接应用心理学已有理论去解释，如社会心理学的态度改变理论、观察学习理论等；有些则需要作心理学应用性研究。

---

① 尼采. 查拉图斯特拉如是说［M］. 杨恒达，译. 南京：译林出版社，2007：28-29.
② JAMES W. Psychology: briefer course［M］. New York: Henry Holt and Company，1990：3.
③ 约翰·杜威. 杜威全集：第二卷［M］. 熊哲宏，张勇，蒋柯，译. 上海：华东师范大学出版社，2010：261.
④ DEWEY J. Logic: the theory of inquiry. In the later works of John Dewey［M］. Edited by Jo Ann Boydston. Carbondale: Southern Illinois University Press，1938/1991，12：26.
⑤ 叶浩生，杨文登. 具身心智：从哲学到认知神经科学［J］. 自然辩证法研究，2013（3）：3-8.
⑥ 刘晓红. 试论心理学在传播学研究中的作用［J］. 新闻与传播研究，1996（3）：2-12.

刘晓红认为，具有真正解释力的传播学理论，应当包括各个层面的研究，既包括文化环境层面上的解释，又包括信息加工机制层面上的解释。

刘晓红认为，当研究的关注点在施拉姆所称的"黑匣子"时，心理学开始起作用，即研究对媒介信息处理的心理机制问题，如对暴力、观念改变、恐惧反应等的研究。他认为采用经证实的因素的内容分析的结果，具有较强的推论作用。但他同时强调，推论的范围，只在假设证实时的那部分受众中——如此严谨的表述，真是深得我心。

1. 使用与满足理论和知识寻求动机

心理学中的认知一致性理论认为，人的认知结构是平衡、和谐的，一旦出现不平衡、不和谐，就会产生一种趋力，去改变这种状态，重新恢复认知系统的内在一致性。这种追求认知一致性或降低认知失调程度的倾向，就导致传播行为的发生。这是知识寻求动机的一种心理学解释。

媒介使用动机由问题情境激发，问题情境造成受众内心的冲突或空缺感，受众就会产生平息冲突、填补空缺的愿望，这种愿望就是媒介使用需要的体现。

媒介期待由能够满足媒介需要的具体媒介使用行为（或其他非媒介使用行为）而产生，期待引导受众将行为指向特定的媒介使用（或其他）活动。媒介需要随受众所在客观环境（如阶级、阶层、种族、宗教、家庭等）对人的要求不同而有所区别。其典型案例是某种特定的媒介使用习惯（条件反射）或病态依赖性（无法自我控制的使用）的驱使下产生媒介使用行为。

2. 接收分析（reception analysis）**与知识差异**

从心理学观点来看，受众从媒介内容中获得意义不等于媒介中原来的内容，而是受众通过一系列内部心理加工过程获得的主观经验，其结果不但取决于媒介内容本身的性质和结构，还取决于受众原有的认知结构。

这种观点广泛应用于大众媒介效果研究以及阐释学和文学批评领域，表明传播效果差异是人类社会的普遍现象。

3. 观念领导者与认知改变[①]

认知传播学还涵盖了心理学与认知神经科学的交叉区域。

研究发现，面对来自专业知识水平高的传播者的消息时，受众在参与语义

①　晏青. 认知传播的研究取向、方法与趋势 [J]. 南京社会科学，2020（5）：97-108.

加工（区域前额叶皮层）的区域以及内部产生了更大面积的神经激活。克鲁恰列夫（Klucharev）等基于此提出了“专家权力”，认为专家与产品组合时，会使人们对产品的记忆力和购买意愿产生持久的积极影响。

同样的效果也存在于名人效应中。在处理名人与产品配对的过程中，内侧眶额叶的活动增强，证实了名人的有效性源于从名人到产品的积极影响的投射、转移。此外还有同伴影响等，人们更喜欢团体内成员而不是团体外成员，因为团体内成员的行为与积极情感和奖励的体验紧密相关。

不同的内容还会引发不同的劝服效果。例如，亲社会媒体（prosocial media）内容对“真善美”“助人为乐”等方面有促进作用。而负面内容有可能会引发负面行为的产生。例如，对媒介中吸烟和饮酒画面的媒介劝服研究显示了一定的正相关关系。

4. 认知需要与动机[①]

有学者利用认知需求和知识的调节作用检验信息框架对社交网站的态度。结果显示，在社交网站上，虽然高认知需要个体对负面框架消息的态度比正面框架消息更积极，但低认知需要个体对正面框架消息的态度比负面框架消息更积极。相比之下，知识匮乏的低认知需要个体对积极框架的消息持有比消极框架消息更有利的态度。认知需求和互联网不良使用（problematic use of the Internet）之间存在显著负相关，即认知需求较高的个体更可能以建设性和健康的方式使用互联网。

人们在分享新闻与自我消费信息时，通常会同时考虑信息之于自己和他人的价值。人们往往在自我反思，以及通过分享与他人联结中获得价值。有学者讨论有效信息传播的神经关联度后发现，个体如愿意将观点分享给他人的话，那么在初始编码过程中心理系统会产生更主动的行为[②]。

5. 认知传播研究局限

一般认为认知传播学研究的局限主要包括两个方面。一是被认为研究范式不能解决概念或者理论上的争议。二是神经社会科学测量的瞬时性与传播学的效果研究的动态性错位。目前主流的认知神经科学的特长是探讨信息的微观瞬

---

① 晏青．认知传播的研究取向、方法与趋势［J］．南京社会科学，2020（5）：97-108.
② 刘晓红．试论心理学在传播学研究中的作用［J］．新闻与传播研究，1996（3）：2-12.

间加工，不足以解释中长期传播效果背后的复杂动因①。

第四节　知识的影响与被影响的知识：
经济与地理的视角

经济学上有一个完全市场（Perfect market），又称完美市场的概念。这是经济学家们为了简化模型，创造了一个现实生活中不存在的市场。在这个市场里，商品不存在质量差异，交易价格由需求决定，各种要素完全自由流动，更重要的事，交易者之间没有信息的不对称，所有信息都是透明的。在这种情况下，每个人的决策都是最理性的决策，每个人都是"理性经济人"。这个概念让我们意识到，信息——或者说知识——是经济学的核心概念之一。

哈耶克也曾经说过："整个经济学的问题，就是利用没有人能够全部掌握的分散知识的问题，这决定了我对经济学的整体看法，并且它已经被证明是极其富有成效的②。"

一、知识产业、知识经济与知识社会

早在 16—17 世纪，知识就成为推动社会进步的重要杠杆。弗兰西斯·培根反复论证"知识就是力量，力量就是知识"："人类的知识和人类的权力归于一体，任何人有了科学知识，才可能认识自然规律，运用这些规律，才可能驾驭自然，改造自然，没有知识是不可能有所作为的③。"

冷战之后，经济科技领域的国际竞争加速了经济知识化的步伐，经济合作与发展组织 1996 年首次在国际组织文件中正式使用了知识经济（Knowledge based Economy）的概念，并指出知识经济是建立在知识和信息的生产、分配和应用之上的新型经济。

（一）知识产业与知识占有差异④

美国经济学家马克卢普根据知识的存在方式将知识分成三类。一种知识贮存

① 刘琴，保罗·D. 博尔思. 触动神经：西方媒介认知心理学研究回眸与贡献 [J]. 西南民族大学学报（人文社会科学版），2016（9）：202 - 208.
② 布鲁斯·考德威尔. 哈耶克评传 [M]. 冯克利，译. 北京：商务印书馆，2018：215.
③ 李毅强. 知识经济时代管理科学的哲学初探 [D]. 北京：中国社会科学院研究生院，2001：24 - 26.
④ 张华茂. 知识实践论 [D]. 长春：吉林大学，2004：23 - 44.

于物质性机器与工具中，另一种是个人所拥有的知识与技能，除此之外的是第三种以其他特殊形式存在的知识。然后，马克卢普基于此推导出了资本的三种形态，包括物质的或具体的资本形态、人力资本形态和非物质非人力资本形态。

第三种资本形态"非物质非人力资本形态"不依赖于人或物质资本而存在，是完全由知识构成的，是教育、研究与开发等知识生产活动的产物。当这些知识生产活动达到这样的程度，"知识产业"概念就顺势而出了。

马克卢普定义知识产业为生产知识——特别是信息产品和服务的厂商或组织机构（某些情况下还包括家庭和个人），具体包括教育、研究与开发、通信媒介、信息设备和信息服务五个方面。由此产生了信息经济学的学科门类。

战后一些科技发达的工业国家保持了高增长和低通胀及低失业的经济态势，打破了曾经存在的不可能三角，很多经济学家将这种现象归结为科技和教育带来的成果，这种解释的理论被称为新经济增长理论，这是一批相关观点的统称。

其中的代表经济学家罗默认为，知识不仅是推动经济增长的最重要因素，而且是决定经济发展的内生变量；知识与投资之间存在良性循环的可能性，知识投资可以提高其他生产要素的生产能力，对知识要素的投入其产出长期来看不是呈现递减趋势，而是表现为收益递增的特征；知识具有溢出效应，任何企业生产的知识都能提高社会生产力。

1996 年世界经济合作与发展组织发表《以知识为基础的经济》报告，提出了"以知识为基础的经济"这一概念，认为该组织主要成员国国内生产总值（GDP）的 50% 以上是以知识为基础的，表现在对无形资产的投资（科研、教育培训等）超过了对有形资产的投资，与高科技（尤其是信息技术、生物工程技术、航天技术等）有关的产业成为增长最快的产业，拥有更多技能和知识的劳动者在劳动力市场上最受欢迎等。

报告认为信息和知识的扩散及使用与知识的创造同样重要，企业和国家经济成功的决定因素在于搜集和利用知识的效率。知识经济呈现网络体系的特征，创新源自不同参与者和机构的互动作用，并呈现出国际化特征。自此"知识经济"便成了社会各界特别是学术界的热门话题。

（二）知识社会与知识占有差异①

根据加拿大学者尼科·斯特尔的综述，"知识社会"是传统工业社会达到

---

① 张华茂．知识实践论［D］．长春：吉林大学，2004：23-44．

发展极限后的新型社会形态，经济由物质经济、货币经济日益发展为一种"非货币的符号经济"，决定生产的是以知识为基础的投入而不是物质投入，知识成为生产过程中的主导方面，社会从就业社会向消费社会转变。"科学成为一种直接的生产力"，科学或知识"成为社会行为的一个直接形式，它是直接的行为能力"。"科学直接生产社会"。

　　但同时知识的剧增并不意味着无知的减少和确定性的增加，知识越来越容易为大部分人所获得，这同时也造成了社会结构的脆弱性的扩大。

二、"不确定"的知识与"看不见的手"

（一）"知沟"与新自由主义经济学①

　　弗里德里希·奥古斯特·冯·哈耶克（图2-8）在论述自由市场均衡状态的形成时，讨论了知识占有差异的问题。"我们妄图解决的问题是，每人仅拥有一点知识的许多人自发的相互活动，怎样导致了价格与成本相一致的状态，等等，以及一些拥有所有这些个人的综合知识的人们的精心仔细的指导，可能造成怎样的状态②。"

　　哈耶克化用了社会学的社会分工概念，把知识占有差异描述为"知识分工"（the Division of Knowledge），认为"知识分工乃是经济学中真正的核心问题"。哈耶克强调"分立性"是知识存在的根本特点。"知识只会作为个人的知识而存在。所谓整个社会的知识，只是一种比喻而已。所有个人的知识的总和，绝不是作为

图2-8　弗里德里希·奥古斯特·冯·哈耶克

---

①　谢志刚. 哈耶克知识问题中的信息与知识论［J］. 人文杂志，2018（6）：42-50.
②　哈耶克. 个人主义与经济秩序［M］. 贾湛，等译. 北京：北京经济学院出版社，1989：48-49.

一种整合过的整体知识而存在的。"人类社会的知识分散在无数的个体之中，处在分工条件下的每个社会个体知道许多别人不知道的知识，同时也不知道别人知道的大部分知识。

知识的分散性、多样性和易变性，决定了没有任何一个机构或头脑能够随时全部掌握它们。任何人都只能考察有限的领域，认识有限的事物。"分立的个人知识"是一种"特定时空下的情势"的知识，它是高度个人化、地方化和情境化的，它与个人的经历、背景以及现实处境紧密相关。每个社会成员都拥有一整套应付社会生活的独到的心得，一整套建立在个人生活经历基础上的适应其特定的生活情境的知识系统。这种"有关特定时间和地点的知识，它们在一般意义上甚至不可能被称为科学的知识。但正是在这方面，每个人实际上都对所有其他人来说具有某种优势，因为每个人都掌握着可以利用的独一无二的信息，而基于这种信息的决策只有由每个人作出或由他积极参与作出时这种信息才能被利用"。

在《自由秩序原理》第二章开篇处，哈耶克指出："苏格拉底认为，承认我们的无知，乃是开启智慧之母。苏氏此一名言对于我们理解和认识社会具有深刻的意义，甚至可以说是我们理解社会的首要条件；我们渐渐认识到，人对于诸多有助于实现其目标的力量往往处于必然的无知状态。社会生活之所以能够给人带来益处，大多基于以下的事实，即让人能从其所未认识到的其他人的知识中获得益处，这一状况在较为发达的社会中尤为明显。我们因此可以说，文明始于个人在追求目标时能够使用较其本人所拥有的更多的知识，始于个人能够从其本人并不拥有的知识中获益并超越其无知的限度。"他认为计划经济不可实施的关键在于决策者不能掌握所有的信息，因此必然造成市场的扭曲。"我们所必须利用的关于各种具体情况的知识，从未以集中的或完整的形式存在，而只是以不全面而且时常矛盾的形式为各自独立的个人所掌握①。"

而在市场经济中，市场通过价格来调节信息差，从而能够实现市场的均衡，是能够充分利用个人分散知识的最有效率的信息系统。"价格体系的最重要的特点是，其运转所需的知识很经济，就是说，参与这个体系的个人只需要掌握很少信息便能采取正确的行动。最关键的信息只是以最简短的形式，通过

---

① 哈耶克. 个人主义与经济秩序［M］. 邓正来，译. 生活·读书·新知三联书店，2003：128.

某种符号来传递的，而且只传递给有关的人①。"

谢志刚认为，随着大数据和人工智能时代的到来，"计算机计划主义"对整个经济学方法论提出了新挑战。大数据方法论放弃对事物因果关联的探究，转而通过海量数据和统计技术寻找相关性，这是一种思路与方法论的创新。与个人的分散知识相比较，基于大数据的信息系统甚至能够掌握更多的分散知识。例如，对于个人隐藏的，甚至是变动的偏好、需求，大数据信息系统能够通过大量的信息收集和数据挖掘来进行智能辨识，由此获得的模式的客观性和准确性甚至可能超越个人理性所能把握的程度。因此，在新的技术条件下，计划经济新的进化形态可能在一定条件下获得超越市场的解决能力。

（二）经济学层面的"不可知论"与知识占有差异②

中国人民大学硕士研究生任小鹏梳理了哈耶克关于"无知"的论述。哈耶克认为"对于运行所依凭的大多数事实，我们是必然无知的"，"人们对于深嵌于社会大多数特定事实所处的上述那种必然无知状态，乃是我们认识社会秩序这个核心问题的根源"。由于知识分工，个人对他人的知识，主要也是无知的。而社会生活给人的好处，即是"个人能力从其所未认识到的其他人的知识中获益"。人类对其心智或者理性自身也是"无知"的，"事实上，人的心智本身就是人生活成长其间的文明的产物，而且人的心智对于构成其自身的大部分经验并无意识"。人类对物质工具及行为模式、文化传统和制度工具也是"无知"的，"一般而言，人们不仅对自己为什么要使用某种形式之工具而不使用其他形式之工具是无知的，而且对于自己在多大程度上依赖于此一行为方式而不是他种行为方式，亦是无知的。人对于其努力的成功在多大程度上决定于他所遵循的连他自己都没有意识到的那种习惯，通常也是无知的"。"与对习惯和行为方式的无知相适应，人们对人类针对条件变化的多种协调方式，以及调试行为范例等的传播方式也是无知的和无法预言的。"哈耶克认为人类对自由会被如何使用以及运用自由在特定情势中造成的结果，也是无知的或无法预知的，"自由之所以重要，乃是因为我们并不知道个人将如何使用自由"。哈耶克更为强调关于价值问题的"无知"，"我们在许多方面都不知道下一代将把何者视为善或把何者视为美，更有甚者，

① 哈耶克.个人主义与经济秩序［M］.邓正来，译.生活·读书·新知三联书店，2003：128.
② 任小鹏."无知"与自由：哈耶克知识论问题探微［D］.北京：中国人民大学，2008：1-30.

我们不知道我们为何视某事为好，而且当人们就某事是否为善而发生分歧时，我们也难以断言谁是最好的”。

哈耶克认为“无知”是不可避免的，认识越多，“无知”越广，但正是这种无知，才使得文明延续，因为文明实际就是人类为解决个人无知和知识分立而创造的产物。哈耶克在这里完成了自身理论的自洽，“无知的事实，对无知的承认，对无知的应对，实在是人类文明的基石”。

哈耶克认为由于无知，当前人类关于道德或社会问题的讨论所基于的知识，用来解释真实世界是远远不够的，因为“在社会领域中，却往往是那些并不以为我们所知的东西更具有重要意义，因此在研究社会的过程中采取科学家那种强调已知之物的取向，很可能会导致极具误导性的结果”。这因为“人类的知识越多，那么每一个人的心智从中所能摄取的知识份额也越小，……我们的文明程度越高，那么每一个个人对文明运行所依凭的事实就一定知之甚少。知识的分立特性，当会扩大个人的必然无知的范围，亦使每个人对这种知识中的大部分知识处于必然无知的状态”。

（三）经济学意义上的“不确定性”①

谢志刚认为，哈耶克的知识问题实际上将信息、知识、不确定性、秩序等问题联系到了一起。凯恩斯也强调不确定性是经济周期的根源所在，是边际消费倾向、预期的资本边际效率和流动性偏好三大心理因素发挥作用的基础。“凯恩斯所提出的问题并不是分散的知识无法传输和利用，而是在于（市场价格）系统首先就无法产生这样的知识，特别是现代金融市场由于无法产生正确的价格而陷入固有的并且是无可救治的困境之中。”这就是知识问题的“凯恩斯挑战”（Keynes challenge）②。

哈耶克学说的继承者们尝试对信息和知识的概念进行区分。信息的客观属性及知识的主观特点相对符合当前人们的普遍用法，如面对互联网，现代人常感叹，“信息几乎是无限的，但知识仍然稀缺”③。这反映了知识与信息的不同已经被模糊地认识到，信息可以与主体无关，而知识必须通过认识主体的自我

---

① 谢志刚. 哈耶克知识问题中的信息与知识论 [J]. 人文杂志，2018（6）：42-50.

② 格尔哈德·帕普克. 知识、自由与秩序 [M]. 黄冰源，冯兴元，赵莹，等译. 北京：中国社会科学出版社，2001：10.

③ BOETTKE P J. Information and knowledge：Austrian economics in search of its uniqueness [J]. Review of Austrian economics，2002，15（4）：263-274.

反思才能建立。"信息通过人的主体的认识而转化为知识，并对人的行动产生作用。知识包含着信息，但不等同于信息，只有考虑其动态过程的方面，才能将知识理解为被行动主体所理解了的信息。"

（四）信息不对称理论与知识占有差异①

经济学家斯蒂格利茨、阿克尔洛夫和迈克尔·斯彭斯因提出信息不对称理论而获得 2001 年诺贝尔经济学奖。其中阿克尔洛夫教授提出了因信息不对称而导致的"柠檬市场"理论，用以描述当产品的卖方对产品的质量比买方有更多的信息时，低质量的产品会驱逐高质量的产品，从而使市场上产品质量呈持续下降的情形，这也是经济学上"劣币驱逐良币"现象的另一表达。这种信息不对称理论也被应用在市场营销等多种经济学专业领域中。

三、地理学视角的知识与知沟

有一部分地理学家关注了空间距离是如何影响人类行为的。瑞典隆德大学的托尔斯滕·海哥斯特兰德（Torsten Hagerstrand）博士使用模拟的方法研究空间距离如何影响创新的扩散，并提出了"近邻效应"的理论。该理论描述了在一个单位时间内，创新在近邻传播的可能性比远距离的两个采用者之间传播的可能性要大很多。在其数学模型的模拟中，距离越远，采用的概率越低②。

尽管信息目前已经可以实现全球的共时传播，但是空间距离对经济增长的影响并未消失。知识溢出更可能在地理上相互靠近的地区内发生。特定信息（如技术诀窍、经验和技能）的传递还要依赖于人员或物的流动，特别是那些基于地方文化和技术传统的隐性知识，需要以师傅带徒弟的方式，边干边学。因此隐性知识的流动需要一个共享的环境，有研究者将其定义为"场"，这是与前述谢尔德雷克的"形态场"不同的"场"，更类似环境、氛围的概念。

在共享的环境中，通过主体之间面对面的交流，可以为隐性知识提供多渠道的传播途径，不仅可以通过标准的文字、语言交流，还可以利用肢体语言、

① 张华茂．知识实践论［D］．长春：吉林大学，2004：23 - 44.
② 罗杰斯．创新的扩散［M］．5 版．唐兴通，郑长青，张延臣，译．北京：电子工业出版社，2016：92 - 93.

行为语言进行交流。通过知识传授者与接收者的重复互动，使隐性知识的语义不断清晰，降低了信息流失的程度。同时，这种频繁的交流，也促进了隐性知识向显性知识的转化，便于信息的传播与共享。

在共享环境中，个人的默会知识会与网络中其他成员分享，转化为显性知识，由此会逐渐形成一种集体表达方式，进而形成共同的认知代码体系。这种共同的代码体系加快了网络中默会认识的传播速度，促进了网络内创新知识的整合，形成了所谓的组织文化、群体文化。但同样，组织内信息传播的加速与扩展也造成了组织内外的知识占有差异拉大。

第五节 "问题在于改变世界"：马克思主义知识论

一、知识与意识、存在的关系

1883年3月17日，马克思（图2-9）的遗体在伦敦海格特公墓下葬。其

图2-9 卡尔·海因里希·马克思

墓碑碑文——据说是恩格斯选定的——是马克思的一句名言"THE PHILOS-OPHERS HAVE ONLY INTERPRETED THE WORLD IN VARIOUS WAYS；THE POINT HOWEVER IS TO CHANGE IT"。这段碑文体现了马克思主义鲜明的实践性特征，也是马克思主义知识论的最佳注脚。

马克思认为知识是"意识的存在方式""意识的唯一的行动""意识的本质"。马克思在《1944 年经济学哲学手稿》中认为知识是意识的存在方式，以及对意识来说某个东西的存在方式，就是知识。知识是意识的唯一的行动。因此，只要意识知道某个东西，那么这个东西对意识来说就生成了。知识是意识的唯一的对象性的关系。——意识所以知道对象的虚无性，就是说，意识所以知道对象是它的自我外化，就是说，意识所以知道自己——作为对象的知识——是因为对象只是对象的外观、障眼的云雾，而就它的本质来说不过是知识本身，知识把自己同自身对立起来，从而把某种虚无性，即在知识之外没有任何对象性的某种东西同自身对立起来；或者说，知识知道，当它与某个对象发生关系时，它只是在自身之外，使自身外化；它知道它本身只表现为对象，或者说，对它来说表现为对象的那个东西仅仅是它本身①。

马克思显然是从个体的层面论及的知识，但当把知识几乎等同于意识时，似乎又是从整体的层面来观察的。马克思认为全部哲学，特别是近代哲学的重大的基本问题，是思维和存在的关系问题②。这里的思维和存在，显然是意识和物质的同义概念，而意识的本质又是"知识"，所以我们似乎可以推导出马克思认为全部哲学的重大的基本问题是"知识"与存在的关系问题——包括认识、改造及其相互作用等系列问题。

马克思在《神圣家族，或对批判的批判所做的批判》中，综述了唯物主义者关于知识的论述。培根认为"感觉是确实可靠的，是一切知识的源泉"，霍布斯则根据培根的观点声称，"既然感性给人提供一切知识，那么观点、思想、观念等等，就无非是多少摆脱了感性形式的物体世界的幻影"。孔狄亚克在

---

① 马克思，恩格斯. 马克思恩格斯文集：第 1 卷［M］. 中共中央马克思恩格斯列宁斯大林著作编译局，译. 北京：人民出版社，2009：212－213.
② 马克思，恩格斯. 马克思恩格斯文集：第 4 卷［M］. 中共中央马克思恩格斯列宁斯大林著作编译局，译. 北京：人民出版社，2009：277.

《人类知识起源论》中认为"人的全部发展都取决于教育和外部环境"①。

马克思重视知识的学习和积累。当他看到俄国学者特卡乔夫反对青年们去学习知识时,对特卡乔夫进行了一通强力输出:既然特卡乔夫先生对单纯号召学习都表示愤慨,既然他宣称一切知识对革命者来说都是多余的,况且在他自己的著作中也找不到任何一点点知识的痕迹,那么这样一来他就是自己为自己提供了不成熟的证据,而我只不过是指出了这点而已。但是,一个自己为自己提供了这种证据的人,在我们看来顶多只能达到中学生的教育程度。我指出他达到了他可能达到的这种最高的程度,决不是骂他,而是给了他甚至可以说是过多的荣誉②。

二、知识的运动性(相对性)

在批判不可知论者时,马克思说,虽然他们的观点看来的确很难只凭论证予以驳倒,但是人类的行动可以解决这个所谓的难题,"布丁的滋味一尝便知"。"只要我们正确地训练和运用我们的感官,使我们的行动只限于正确地形成的和正确地运用的知觉所规定的范围,我们就会发现,我们行动的结果证明我们的知觉符合所感知的事物的客观本性③。"

马克思同意费尔巴哈所说的,纯粹自然科学的唯物主义是人类知识的大厦的基础,但不是大厦本身,因为人类社会也有自己的发展史和自己的科学。但是费尔巴哈受到传统的唯心主义的束缚,没有继续"前进"④。

马克思将相对与绝对的辩证统一加入了知识的探讨。从某一个历史阶段、某一个范围来看,知识是相对的。但从人类的整体历史来看,客观世界总是可以被认识的,知识在各个历史时期、各个范围内不断对客观世界进行反映,同时不断趋向于绝对真理。

马克思认可黑格尔哲学的一个论断,即认为世界不是既成事物的集合体,

---

① 马克思,恩格斯.马克思恩格斯文集:第1卷[M].中共中央马克思恩格斯列宁斯大林著作编译局,译.北京:人民出版社,2009:331-333.

② 马克思,恩格斯.马克思恩格斯文集:第3卷[M].中共中央马克思恩格斯列宁斯大林著作编译局,译.北京:人民出版社,2009:381.

③ 马克思,恩格斯.马克思恩格斯文集:第3卷[M].中共中央马克思恩格斯列宁斯大林著作编译局,译.北京:人民出版社,2009:506-507.

④ 马克思,恩格斯.马克思恩格斯文集:第4卷[M].中共中央马克思恩格斯列宁斯大林著作编译局,译.北京:人民出版社,2009:284.

而是过程的集合体，其中各个似乎稳定的事物同它们在我们头脑中的思想映象即概念一样都处在生成和灭亡的不断变化中，在这种变化中，尽管有种种表面的偶然性，尽管有种种暂时的倒退，前进的发展终究会实现。他认为如果人们在研究工作中始终从这个观点出发，那么关于最终解决和永恒真理的要求就永远不会提出了；人们就始终会意识到他们所获得的一切知识必然具有的局限性，意识到他们在获得知识时所处的环境对这些知识的制约性；人们对于还在不断流行的旧形而上学所不能克服的对立，即真理和谬误、善和恶、同一和差别、必然和偶然之间的对立也不再敬畏了，人们知道，这些对立只有相对的意义，今天被认为是合乎真理的认识都有它隐蔽着的、以后会显露出来的错误的方面，同样，今天已经被认为是错误的认识也有它合乎真理的方面，因而它从前才能被认为是合乎真理的被断定为必然的东西，是由纯粹的偶然性构成的，而所谓偶然的东西，是一种有必然性隐藏在里面的形式，如此等等[①]。

在知识的相对性方面，马克思曾在《评普鲁士最近的书报检查令》中写道："真理的各个分散环节在结果中是相互结合的。难道探讨的方式不应当随着对象而改变吗[②]？"也就是说，真理的探索是永无止境的，知识的真理性必须在不同的对象那里才会变得合理。恩格斯为了将黑格尔同马克思的观点区分开来，在批判永恒真理的同时提出："人们就始终会意识到……他们在获得知识时所处的环境对这些知识的制约性[③]。"也就是说，知识的真理性是有限制的，每个个体的知识存在相对性，受限于某一时间阶段和历史条件。知识的科学性和真理性如果超过某一环境或者历史阶段，也许会成为不好的知识，或是谬误。

在知识的绝对性方面，马克思是从知识的全过程、全范围来考察的。"至今的一切社会的历史都是在阶级对立中运动的，而这种对立在不同的时代具有不同的形式[④]。"也就是说，每个个体所掌握的知识从深度、广度、复杂程度

①　马克思，恩格斯．马克思恩格斯文集：第4卷［M］．中共中央马克思恩格斯列宁斯大林著作编译局，译．北京：人民出版社，2009：299.

②　马克思，恩格斯．马克思恩格斯全集：第1卷［M］．中共中央马克思恩格斯列宁斯大林著作编译局，译．北京：人民出版社，1975：113.

③　马克思，恩格斯．马克思恩格斯全集：第21卷［M］．中共中央马克思恩格斯列宁斯大林著作编译局，译．北京：人民出版社，1975：338.

④　马克思，恩格斯．马克思恩格斯选集：第1卷［M］．中共中央马克思恩格斯列宁斯大林著作编译局，译．北京：人民出版社，2012：420.

来讲，都是相对有限的。我们所学习和掌握的知识并非绝对真理，而只有基于全体人类（过去、现在和将来）在研究、探索过程中，才可能接近绝对性的知识①。

三、知识占有差异与阶层分化

马克思注意到了知沟及其后果。他转引汤普森《财富分配原理的研究》的论述说，"没有知识的劳动是微不足道的。在发达的社会中职业和劳动本身进一步分为不同的种类，在这种情况下，知识……同劳动已远远地分离，以致应该对知识进行单独考察"。"搞科学的人和生产工人彼此分离得很远，科学不再是劳动的助手，不再是工人用来为自己增加自身的生产力的手段……却几乎到处都与劳动相对立……知识的占有者和权力的占有者到处都力图把自己的私利放在第一位……知识成了一种能同劳动分离并同它相对立的工具②。"马克思转引《经济学家》的论述称，"物质世界的知识和在劳动中运用这种知识的本领，这是财富的源泉"③。

在这里，马克思论述中的"劳动"，其实质仍是知识的一种。如果不能理解，可结合前文艾特玛转引的研究——有学者对比了利米亚农民和耶鲁大学学生在估算大米体积与其他更复杂测量任务的能力差异，以证明相关能力是对环境的适应和受动机的影响。在这个案例中，利比亚农民显然日常进行的是劳动——确切来说是体力劳动，而耶鲁大学生的日常劳动则是不直接涉及物质生产的知识创作——脑力劳动——这种劳动与物质生产劳动已经脱离。

马克思是从政治经济学的角度来论述知识占有差异的。马克思注意到了知识的作用，并认为知识存在着与劳动（其本质也是知识的一种）分化的趋势，这种知识分化造成了阶级的分化，导致了知识与知识（劳动）的对立，并可能会造成人群的分化与对立。

很自然地可以推论，马克思认为知识占有差异是阶级产生的重要原因。尤

---

① 赵泽华，郭强.知识与实践的张力：马克思知识论的现代反思［J］.华北水利水电大学学报（社会科学版），2022，38（5）：84-88，108.
② 马克思，恩格斯.马克思恩格斯文集：第8卷［M］.中共中央马克思恩格斯列宁斯大林著作编译局，译.北京：人民出版社，2009：366.
③ 马克思，恩格斯.马克思恩格斯文集：第8卷［M］.中共中央马克思恩格斯列宁斯大林著作编译局，译.北京：人民出版社，2009：367.

其是在"发达的社会"，知识占有者利用自己的知识优势来为自己攫取私利，获取财富，并造成阶级的出现。

马克思的论述与基于西方社会学的知沟研究者的思路恰恰相反：知沟研究者们认为是阶层分化导致知识占有的分化；马克思则可能认为是知识的分化导致了阶层的分化。看起来像是另一个"鸡生蛋蛋生鸡"的问题，不过，显然两者都认为阶层的分化与知识的分化是强相关的。

四、知识的实践性

马克思批判了黑格尔的唯心辩证法，认为知识并非从精神、概念等抽象中来，而是从现实中来。黑格尔认为，知识的产生不仅与感性无关，知识的创新也仅仅是意识的运动。马克思则认为这些抽象本身离开了现实的历史就没有任何价值，知识决不能脱离感性需要和感性意识独立存在，如果脱离了感性，则"关于意识的空话将销声匿迹，它们一定为真正的知识所代替"[①]。"感性必须是一切科学的基础。科学只有从感性意识和感性需要这两种形式的感性出发[②]。"

马克思在实践的基础上，强调知识的能动性作用，将知识从"解释世界"发展为"改变世界"，把理论思维问题都结合实践来理解。"人的思维是否具有客观的真理性，这并不是一个理论的问题，而是一个实践的问题。人应该在实践中证明自己思维的真理性，即自己思维的现实性和力量，亦即自己思维的此岸性[③]。"思维、理论与实践相结合，才能不断完善，成为科学的知识理论，真理来源于实践并接受实践的检验。刻在马克思墓碑上的"问题在于改变世界"就是马克思基于实践的真理观的最佳诠释。

马克思几乎把知识与意识等同了起来，进而使知识与存在的关系浮出水面，把知识论带入更高阶的讨论。马克思认为人类社会有基于纯粹自然科学唯物主义之上的唯物主义的人类社会科学，虽然事物是过程的集合体，具有表面

---

① 马克思，恩格斯．马克思恩格斯选集：第1卷［M］．中共中央马克思恩格斯列宁斯大林著作编译局，译．北京：人民出版社，2012：153.

② 马克思，恩格斯．马克思恩格斯文集：第1卷［M］．中共中央马克思恩格斯列宁斯大林著作编译局，译．北京：人民出版社，2009：194.

③ 马克思，恩格斯．马克思恩格斯文集：第1卷［M］．中共中央马克思恩格斯列宁斯大林著作编译局，译．北京：人民出版社，2009：503-504.

的偶然性和暂时的反动性（这里的反动是中性意义），但并不影响事物发展方向的确定性。

马克思注意到职业知识生产群体的出现，认同汤普森的研究，认为知识的占有者与权力的占有者一样都力图用之谋私利，导致知识与劳动对立了起来。马克思认为知识占有的分化是导致阶级出现的原因之一，这与知沟研究者认为阶层的出现导致知识占有分化有一点差异。

马克思认为事物是可以被认知的，人们在对知识的不断扬弃中接近真理。马克思特别强调知识的实践性，确立了马克思主义知识论的鲜明特色。

第六节　物理学与生物学视角的知识与知识传播

一、形态场假说

为什么宠物可以预感到主人回家而在门口等待？为什么你甚至不用回头看，就知道哪个方向有人在盯着你看——那些拥有曼妙身姿或饱满胸脯的女性可能更感同身受。

剑桥大学克莱尔学院研究员罗伯特·谢尔德雷克（Rupert Sheldrake）认为这一切都可以用"形态场"来解释。组织神经系统活动的场通过形态共振遗传，传达集体的本能记忆，每个个体都汲取并贡献着物种的集体记忆。这意味着新的行为模式可以比其他方式传播得更快。例如，如果某个特定品种的老鼠在哈佛学会了一个新技巧，那么该品种的老鼠应该能够在世界各地更快地学会同样的技巧。社会群体同样是按领域组织的，就像鱼群和鸟群一样。人类社会的记忆是通过群体文化传播的，并且通过创始故事或神话的仪式重演来最明确地传达。

罗伯特·谢尔德雷克是一名生物学家，其研究涉及生物化学、哲学和科学史等多个领域。根据其本人官网（https：//www.sheldrake.org/，图 2-10）的介绍，他曾领衔一个由剑桥大学三一学院资助的"旨在研究无法解释的人类和动物能力"的研究项目。罗伯特·谢尔德雷克提出了著名的"形态场"假说（Morphic Fields）。

罗伯特·谢尔德雷克用"场"来解释"心灵感应"。他认为有充分的证据表明，许多种类的动物都具有心灵感应能力，而且心灵感应似乎是动物交流的一种正常方式。他举了电话的例子：在现代世界，最常见的人类心灵感应与电

图 2-10　罗伯特·谢尔德雷克个人网站截图

话有关。超过 80％的人表示，他们无缘无故地想到了某个人，然后这个人打电话来；或者他们在拿起电话之前就知道是谁打来的，就像心灵感应一样。在他的研究中，甚至"电子邮件也会发生心灵感应"。

罗伯特·谢尔德雷克理论中的"形态场"包括了以下六个特点：

（1）它们是自组织的整体。

（2）它们同时具有空间和时间方面，并组织振动或节奏活动的时空模式。

（3）它们吸引受它们影响的系统走向特有的活动形式和模式，它们组织它们的形成并维护它们的完整性。形态场在其影响下吸引系统的目的或目标称为吸引子。系统通常到达这些吸引子的路径称为"chreodes"。

（4）它们相互关联并协调位于其中的形态单元或完整子，而形态单元或完整子又是由形态场组织的整体。形态字段在嵌套层次结构或整体结构中包含其他形态字段。

（5）它们是概率结构，它们的组织活动也是概率性的。

（6）它们包含一个内置记忆，该记忆是通过与形态单元自身的过去的自共振以及与所有先前的类似系统的形态共振而赋予的。这种记忆是累积的。特定的活动模式重复得越频繁，它们就越容易成为习惯①。

---

① SHELDRAKE R. Morphic resonance and morphic fields：an introduction ［EB/OL］. （2024-07-05）［2024-07-05］. https：//www. sheldrake. org/research/morphic-resonance/introduction.

二、动物行为与形态场诠释

（一）动物的本能学习

雏鸟，如鸡、小鹅和小鸭子，表现出一种遗传的跟随行为模式，通常跟随它们的母亲。康拉德·洛伦兹（Konrad Lorenz）在他著名的鹅类研究中，让一窝刚孵出的小鹅把他当作母亲的形象，并跟着他。事实上，小鹅几乎会在任何移动的物体上留下印记，包括气球之类的物体经过 15～30 分钟的印记期后，当雏鸟再次接触到移动的物体时，它们就会认出并接近它。这种识别移动物体的能力通常被归因于记忆痕迹[1]。而罗伯特·谢尔德雷克认为物体被识别是因为它通过感官在神经系统中建立了特定的活动模式，这些模式与先前由同一物体建立的模式产生了形态共振。

在巴甫洛夫条件反射中，一种自动的或无条件的反应——如饥饿的狗看到肉就会流口水，通过反复的联想，与另一种刺激——如铃声，联系在一起，即使不提供肉，当铃声响起时，狗也会流口水。另一种联想学习依赖于动物自身的活动，这被斯金纳和心理学的行为主义学派称为操作性条件反射，也被称为工具性学习。例如，如果一只猫通过反复试验发现了如何打开一扇门，并因此获得了食物供应，那么它迟早会将打开门与获得食物联系起来，条件反射就建立起来了。传统认为联想学习依赖于大脑内神经连接新模式的形成。罗伯特·谢尔德雷克认为从形成性因果关系的角度来看，它源于形态场的建立，这些形态场包含了神经系统内先前分离的活动模式。这种更高层次的场突然出现：它们综合了以前完全不同的部分，并作为整体出现。

罗伯特·谢尔德雷克认为一个新的行为模式构成了一个新的形态场，如果行为模式被重复，这个场就会通过形态共振而越来越稳定。这种行为将变得更有可能，更有习惯性，并且越来越无意识。

（二）动物"知识"传播的形态共振解释

达尔文和巴甫洛夫都开展过动物遗传记忆的相关研究。查尔斯·达尔文曾在《自然》杂志上发表一篇文章，描述了一只獒犬对屠夫和肉店的强烈反感，据说这是由于它受到屠夫的虐待，这种反感至少遗传给了它的两代后代。巴甫

---

[1] SHELDRAKE R. The presence of the past：morphic resonance and the habits of nature［M］. London：Icon Books Ltd，2011：234.

洛夫训练白鼠在电铃响起时跑到喂食处。第一代平均需要 300 次试验才能学会，第二代只需要 100 次，第三代 30 次，第四代 10 次。巴甫洛夫最后认为：条件反射的遗传传递和遗传促进条件反射获得的问题的答案必须足够开放才行。

此外，还有著名的水箱迷宫实验和虚假栅栏实验。

1. 水箱迷宫实验[①]

威廉·麦克杜格尔的水箱迷宫白鼠实验持续了 30 多年，是实验心理学史上最长的一系列实验之一。麦克杜格尔用标准的白鼠做实验，让它们在水迷宫中训练。水迷宫是一个水箱，它们只有游到舷梯前爬上去才能逃脱。有两个出口，分别在水箱两侧。一个出口被照亮，如果老鼠选择这个出口，它们离开水的时候就会受到电击。另一个出口是安全的。下次他们被放进水箱时，之前被照亮的舷梯现在昏暗而安全。老鼠们必须知道，从有照明的出口离开是痛苦的，但从昏暗的出口走是安全的。

第一代老鼠在学会走昏暗的出口之前平均犯了 165 个错误。后来的几代老鼠学得越来越快，到第三十代的时候，老鼠平均只会犯 20 个错误。麦克杜格尔指出，这种显著的进步并不是因为基因选择了更聪明的老鼠，因为即使他在每一代中选择了最愚蠢的老鼠作为下一代的父母，学习速度仍然会逐步提高。

他用拉马克遗传理论来解释这些结果，换句话说，就是用老鼠基因的修改来解释这些结果。这一结论令许多生物学家感到不快。唯一的办法就是重复麦克杜格尔的实验。当弗朗西斯·克鲁在爱丁堡这样做时，他的第一代老鼠学得非常快，平均只有 25 个错误，有些一次就做对了。他和麦克杜格尔都无法解释这种效应。

在墨尔本，威尔弗雷德·艾格和他的同事们还发现，他们测试的第一代老鼠比麦克杜格尔的原始老鼠学习得快得多。他们在 20 年的时间里连续测试了 50 代老鼠，和麦克杜格尔一样，他们发现后代的学习速度有所提高。但与麦克杜格尔不同的是，他们还反复测试了非训练有素父母后代的对照大鼠。这些老鼠也显示出类似的进步。研究人员非常合理地得出结论，他们观察到的变化不是由于拉马克遗传，如果确实如此，那么更快的学习能力应该仅限于受过训

---

① SHELDRAKE R. The presence of the past: morphic resonance and the habits of nature [M]. London: Icon Books Ltd, 2011: 236 - 238.

练的大鼠的后代。但是，为什么这两种老鼠的学习能力都有所提高呢？

其他实验心理学家也发现了非常相似的效果。例如，在加州大学的 Tryon 使用了一种特殊的迷宫，老鼠被自动放进去，大大减少了实验者操作。不出所料，他发现"聪明"父母的后代往往"聪明"而不是"迟钝"，而"迟钝"父母的后代往往"迟钝"而不是"聪明"。但他也发现了一些他没有预料到的事情：两种品系都能更快地学会走迷宫。

如果用形态场假说来解释，就很直观，因为同类过往的经验会促进后来者的学习速度与质量。罗伯特·谢尔德雷克从养狗的人、驯马师、驯鹰人、牧牛人和奶农那里收到了许多引人入胜的描述，讲述了新一代动物在训练或适应新方法方面取得的进步。他们都认为，只有部分进步可以用他们自己的经验来解释，动物身上似乎也发生了一些真正的变化。

2. 虚假栅栏实验[①]

据德州博物学家罗伊·贝德切克（Roy Bedechek）的研究，当带刺铁丝网在 19 世纪末被应用于牧场时，很多人认为它永远不适合用于养马的牧场。因为马会直接冲进铁丝网，造成致命的伤害。贝德切克回忆说："我还记得有一段时间，在德州的农场或牧场，几乎没有一匹马没有被铁丝网弄得伤痕累累。"然而到了 20 世纪中叶，这已经不再是一个严重的问题："半个世纪以来，马已经学会了避开铁丝网。"小马驹很少撞上去。整个物种都被教会了一种新的恐惧。

甚至，人们不需要用真正的栅栏了。20 世纪 50 年代，美国西部的一些牧场主发现，他们可以通过使用假栅格来节省养牛栅格的费用，这些栅格由画在马路上的条纹组成。画好的栅格之所以有效，是因为动物甚至没有试图穿过它们。现在，在得克萨斯、内华达和加利福尼亚等州的牧场和公共道路上，有成千上万个虚假的栅栏。

真正令人惊奇的是——从未见过真牛网的动物会避开假牛网。一位牧场主说，当年轻的牛靠近一个画好的栅格时，它们"四只脚都踩刹车"。罗伯特·谢尔德雷克与科罗拉多州立大学动物科学系和得克萨斯农业与机械大学（A&M）的研究人员通信，他们证实了这一观察。在这种情况下，它们应该

---

① SHELDRAKE R. The presence of the past: morphic resonance and the habits of nature [M]. London: Icon Books Ltd, 2011: 246-248.

一直有效，而牧场主一开始就不需要使用真正的网格。

这时又产生了新的进化。1985 年，威尔士某镇的羊开始从草场上滚过栅格逃跑。瑞典马尔默厄斯附近的羊也是如此。1985 年《卫报》的一篇社论评论道：据我们所知，约克郡山谷的羊，大多是斯瓦岱尔羊或戴尔斯种羊，还没有掌握通过蜷缩和滚过围栏的技术。然而，威尔士布莱瑙·费斯延约格的羊是一个不同的品种，它们已经学会了如何做到这一点，瑞典南部低地的羊也学会了。12 年后，在英格兰南部的汉普郡，羊开始穿过牛的栅栏。一开始，他们使用了一种"突击队"技术，其中一只羊躺在牛栏上，而其他羊则从她身上爬过去。但后来它们开始像威尔士羊一样，滚动着穿过栅栏，在瑞士的瓦莱地区也观察到类似的行为。2004 年，在《卫报》的编辑们预测到这种可能性的 19 年后，约克郡荒野上的羊开始通过翻越牛栏和在附近村民的花园里吃草。

虚假栅栏的突破实现了跨品种跨地域的传播。

三、人类知识传播的形态场诠释

（一）人类记忆的形态共振案例

人和其他动物一样，通常会学习其他物种成员以前学过的东西。人类的大多数行为都是习惯性的。通过形态共振，学习以前学过的东西应该比以前没有学过的东西更容易。学过的人越多，学习起来应该越容易。

1. 身体技能的习得

就身体技能而言，如游泳、骑自行车或拉小提琴，这些技能的习得是由模仿完成的。通过做这些事情，人们调谐到技能的形态场，不仅与模仿的对象，还与许多以前练习过这些技能的人的形态共振，进而促进技能的习得。

在 20 世纪 80 年代，神经科学家发现，当动物看到其他动物做某件事时，比如一只猴子在剥香蕉，它们大脑运动部分的变化反映了它们所看到的动物大脑的变化。这些反应被描述为"镜像神经元"。但是，如果这个术语暗示涉及特殊类型的神经，那么它就会产生误导。相反，最好把它理解为一种共振。

事实上，镜像神经元的发现者之一维托里奥·加莱斯（Vittorio Gallese）将模仿另一个人的动作或行为称为"共振行为"。在传统社会中，各种各样的技能在许多代人中或多或少保持不变，如那些涉及狩猎、烹饪、农业、编织和盆栽的技能。传统的手工业，如铁匠、金匠和木匠的手艺，也是如此。即使在我们自己的社会中，大多数行业仍然是通过学徒制来学习的①。

根据目前的假设，所有这些技能都涉及形态场的嵌套等级，这些等级被过去无数人的形态共振强烈地稳定下来。

2. 外语实验②

耶鲁大学心理学教授的加里·施瓦茨（Gary Schwartz）从希伯来语《旧约》中挑选了 48 个三个字母的单词，其中 24 个是常见的，24 个是罕见的。然后，他将每个单词打乱排列，生成一个包含相同三个字母的无意义变位词。这样总共产生了 96 个单词，一半是真的，一半是假的。

90 多名不懂希伯来语的学生一个接一个地看到这 96 个单词，以随机的顺序投射在屏幕上。他们被要求猜测每个单词的意思，并写下想到的第一个英语单词。然后，他们被要求以 0～4 的等级来估计他们对自己猜测的信心。受试者没有被告知实验的目的，也没有被告知一些单词是被打乱的。

事实上，少数受试者确实正确地猜出了一些希伯来语单词的意思。施瓦茨把这些研究对象从他的分析中排除了，因为他们可能懂一些希伯来语，尽管他们说自己一点也不懂。然后，他检查了那些总是猜错意思的受试者的回答。值得注意的是，平均而言，当受试者看到真实的单词时对自己的猜测更有信心。这种效应在常用词上的强度大约是罕见词的两倍。这些结果在统计上是非常显著的。

前英国哈特菲尔德理工学院（现赫特福德郡大学）的心理学家艾伦·皮克林使用了两对真实和虚假的照片用波斯语（类似于阿拉伯语）书写的错码波斯语单词。他测试了 80 名学生，每人只看其中一个单词。他们被要求看这个单词 10 秒钟，然后在观看期结束后画出来。随后，几位独立的评委将这些真实单词和虚假单词的复制品进行了比较。评委们没有被告知实验的目的，他们（包括皮克林本人）也不知道哪些单词是真实的，哪些是混乱的。结果发现真实单词的再现比假单词更准确。例如，在一种判断方法中，将成对的答案（随机配对）与相应的真假单词进行比较，平均 75％的配对中，真单词被认为比假单词更容易被复制。这一效应在统计学上是非常显著的。

---

① SHELDRAKE R. The presence of the past：morphic resonance and the habits of nature ［M］. London：Icon Books Ltd，2011：251-252.

② SHELDRAKE R. The presence of the past：morphic resonance and the habits of nature ［M］. London：Icon Books Ltd，2011：261-266.

另一种可能的解释是，真词往往具有假词所不具备的某些品质，例如，某些常用的搭配可能会让受试者感到熟悉等，这些原因与形态共振无关。施瓦茨测试了实验对象之后，告诉受试者一半的单词是真实的，另一半是混乱的。然后，他把所有的单词一个接一个地再给受试者看一遍，让他们猜哪个是真实的哪个是臆造的，结果显示受试者无法有意识地去做他们在无意识中已经做过的事情。

3. 莫尔斯电码的测试①

塞缪尔·莫尔斯在 19 世纪中期发明了以他的名字命名的电码，用于电报。多年来，它被许多人学习和使用，至今仍在使用，尤其是业余无线电操作员。所有这些人的形态共振是不是让它更容易学习了呢？美国心理学家雅顿·马尔伯格（Arden Mahlberg）进行了一项实验来测试这种可能性。他通过将点和破折号重新分配给字母表中的不同字母，构建了这个代码的新版本。他的研究对象是不懂莫尔斯电码的人，他将他们学习新电码的能力与他们学习真正的莫尔斯电码的能力进行了比较。实验对象以随机的顺序，在同样短的时间内，一个接一个地接触新电码和真正的莫尔斯电码。

在他的第一次试验中，马尔伯格发现，平均而言，受试者对真实莫尔斯电码的学习要比新电码准确得多。在随后对新对象的测试中，他发现学习新电码的平均准确率逐渐提高，直到它几乎和真正的莫尔斯电码一样好。他认为，最初的差异可能是由于过去的莫尔斯电码从业者的形态共振，导致与新构建的电码相比，该电码的学习显著简化。但随着对新对象的重复测试，后续测试中的人受到了之前被测试者的形态共振的影响。这种影响，由于在相同条件下以相同方式测试的先前受试者的共振具有很高的特异性，淹没了真实代码用户的形态共振的更微妙的影响，并导致两种代码的分数逐渐均衡。但马尔伯格认识到这只是一个试探性的解释，并强调需要在进一步的实验中探索这种可能性。

4. 智商测试②

IQ（智商）测试的分数是为数不多的能够获得多年详细数据的领域之一。由于以前做过 IQ 测试的数百万人的形态共振，测试应该会变得越来越容易。

　　① SHELDRAKE R. The presence of the past：morphic resonance and the habits of nature ［M］. London：Icon Books Ltd，2011：266 - 269.

　　② SHELDRAKE R. The presence of the past：morphic resonance and the habits of nature ［M］. London：Icon Books Ltd，2011：275 - 279.

因此,即使人们并没有变得更聪明,IQ 分数也应该上升。

1982 年,人们发现,自第二次世界大战以来,日本的平均 IQ 测试分数每 10 年增长 3%。心理学家们把一系列剧烈的环境变化结合起来,试图解释这一意想不到的发现:大规模的城市化,从封建观念向西方观念转变的文化革命,近亲繁殖的减少,以及营养、预期寿命和教育方面的巨大进步等。

但是,在同一时期,美国也出现了类似的增长,但没有像日本那样剧烈的环境变化。在接近 20 世纪初的美国,发生了类似规模的变化。心理学家詹姆斯·弗林(James Flynn)随后研究了美国军方 70 年来的智力测试结果。他发现,与同时代的新兵相比,仅仅是平均水平的新兵,与上一代接受完全相同测试的新兵相比,则高于平均水平。至少 20 个其他国家也出现了类似的增长,包括澳大利亚、英国、法国、德国和荷兰。这种现象现在被称为弗林效应。

人们做了许多尝试来解释它。一种假说认为,标准化考试的成绩越来越复杂,教育成就水平也在不断提高。对平行形式的 IQ 测试的重复测试效果的研究实际上表明,受试者通过练习可以获得 5 或 6 个 IQ 点,但不会比这个多多少。第二个假设是"提高教育成就"。这两种解释都受到了一个事实的质疑:从 1963 年开始,美国高中生在标准学术能力测试(SAT)中的平均表现有所下降,每年有 100 多万名学生参加这项测试。在几个子测试中,SAT 语言考试成绩下降幅度最大。

一个官方顾问小组被任命来研究这种下降,发现大约一半的下降可以用扩大候选人样本来解释;但另一半则反映了一般人群测试结果的下降趋势,并出现在所有社会经济阶层的学生中。不同的个人特征影响 SAT 分数:智力、学习习惯、动机、自律以及获得的口头和书面技能。

专家小组认为,这些特征可能受到学校标准要求较低、学生缺勤率超过 15%、核心家庭受到侵蚀以及电视的影响等因素的影响。但是为什么平均 IQ 分数上升而平均 SAT 分数下降呢?一些人认为增加看电视的时间可能起到了一定作用。但在 20 世纪 50 年代电视出现的几十年前,IQ 分数就开始上升了,正如弗林讽刺地评论的那样,电视通常被认为是"一种使人变笨的影响,直到这种影响出现"。他补充说:IQ 的提高和学术能力测试分数的下降的结合似乎几乎是无法解释的……如此大规模的 IQ 提高提出了一个因果解释的严重问题。在 20 世纪 80 年代,弗林将 IQ 分数的上升描述为"令人困惑的",他继续与这个问题搏斗了很多年。

2007 年，他发表了一项新的分析，该分析基于对 IQ 测试的不同组成部分的详细比较。他发现，在信息、算术和词汇的子测试中，得分几乎没有提高，在理解方面也只有适度的提高。而在解决谜题的"表现"子测试中，得分却有了很大的提高。例如，其中一项测试是通过指出不完整图片中缺失的部分来完成图片。在所有测试中，分数增加最多的是相似性测试，在相似性测试中，受试者必须指出不同项目之间的相似性，还有一项名为雷文渐进矩阵（Raven's Progressive Matrices）的子测试，该测试要求"你当场思考问题，而不是用以前学过的方法来思考"。弗林指出，具体技能的测试取决于测试对象在测试前获得的知识：你要么知道罗马是意大利的首都，要么只知道佐治亚州的罗马；你知道"美味的"是什么意思，或者你不知道。换句话说，当人们接受独立于测试程序的一般知识测试时，分数几乎没有变化，但当人们在其他人之前解决过的相同条件下当场解决问题时，分数会增加。

弗林和他的同事威廉·狄更斯（William Dickens）提出了一种"社会乘数"的解释，认为世界各地的人口作为一个整体，变得更加具有抽象的、科学的思维，更习惯于以新的方式运用他们的思维，更善于现场解决问题。弗林和狄更斯认为，IQ 的提高证明，在一个日益科技化的社会里，需要更多更好的教育。IQ 的大幅提高代表着人类思想的解放。科学的精神，连同它的词汇、分类法、逻辑和从具体参照物中分离出来的假设，已经开始渗透到后工业时代人们的思想中。然而，狄更斯-弗林假说受到其他心理学家的严重怀疑，并没有被普遍接受。如果用形态共振来解释，这真是一个完美的案例。

（二）记忆与遗忘

大多数人认为他们记住的一切以物质的形式存储在大脑中，即记忆痕迹。我们知道的每一首曲子、认识的每一个人、词汇中的每一个单词、能回忆起的每一件事，都应该在我们的大脑中留下痕迹——我们能记住的每一件事，都有无数的记忆痕迹。

但这只是一种假设。没有人见过记忆痕迹；而寻找这些痕迹的科学家也没能找到。神经科学家一次又一次地认为，他们已经把记忆固定在了大脑的某个部分，但随后的发现让他们感到困惑：许多记忆在所谓的记忆存储被破坏后仍然存在。

罗伯特·谢尔德雷克认为人们记住的东西并不是刻在大脑里的，而是依赖于形态共振。我们之所以记得，是因为我们与过去的自己产生了共鸣。

1. 形态场与心理物理场的区别

根据形成性因果关系假说，组织人类行为的形态场并不局限于大脑，甚至不局限于身体，而是延伸到大脑之外的环境中，将身体与它所处的环境联系起来。它们协调感觉和行动，在大脑的感觉和运动区域之间架起桥梁，并协调一系列嵌套的形态场，直至组织特定神经和肌肉细胞活动的形态场。

类似的概念出现在 20 世纪 20 年代和 30 年代的格式塔心理学流派中，并以各种形式延续至今格式塔心理学家经常将身体和环境之间的联系描述为“心理物理场”。他们不仅从物体的角度考虑行为环境，还从心理物理场的“动态特性”的角度考虑行为环境。

库尔特·科夫卡对这一原理做了一个简单的说明。想象自己在山上的草地上晒太阳，放松地与世界和平相处。突然，你听到一声呼救声——你的感觉和周围的环境立刻改变了：一开始，你的场域，从所有的意图和目的来看，都是同质的，你与它处于平衡状态。没有行动，就没有紧张。事实上，在这样的条件下，就连自我与其环境的分化也趋于模糊：我是景观的一部分，景观也是我的一部分。然后，当那刺耳的声音刺穿了催眠般的寂静时，一切都改变了。以前所有的方向都是动态相等的，现在只有一个方向这个方向很突出，你被拉向的那个方向。这个方向充满了力，环境似乎在收缩，就好像在一个平面上形成了一个沟槽，而你被逼着往沟槽里走。与此同时，在你的自我和声音之间发生了尖锐的分化，在整个领域中产生了高度的紧张。

科夫卡指出，第一类场，即均匀场，是非常罕见的。任何作用都以非均匀场为前提，即有力线的场。这些场组织着行为走向终点或目标。例如，足球运动员，当他们向敌人的球门线移动时，将比赛场地视为一个由不断变化的线组成的场地，这些线的主要方向将他们引向目标……球员的所有运动表现（如在球场上的移动）都与视觉移动有关。这些反应不是逻辑思维的问题；对于处于紧张状态的演奏者来说，“视觉情境直接产生了运动表现”[①]。

格式塔方法和形成性因果假说在场的概念上彼此相似，但它们的不同之处在于格式塔心理学家没有形态共振的概念。相反，他们采用了一种传统的记忆痕迹理论。他们认为，这些磁场之所以能被记住，是因为它们在大脑中留下了

---

① SHELDRAKE R. The presence of the past: morphic resonance and the habits of nature [M]. London: Icon Books Ltd, 2011: 281 - 283.

痕迹。正如科夫卡所说，"当前过程的领域包含了以前过程的痕迹"。与此相反，根据形成性因果关系的假设，磁场没有必要在大脑中留下物质痕迹，就像收音机的节目没有必要在收音机中留下痕迹一样。当系统对一个场进行调谐时，它就会产生物质效应。但如果调整改变了，那么其他场就会起作用：原来的场"消失了"。当身体与其环境的关系重新进入一种类似于先前场被表达时的状态时，它就会再次出现——通过形态共振场再次出现。

2. 习惯化与意识

我们有意识的记忆是发生在特定地点、特定时间的事件，即使我们不能总是按地理位置或时间顺序"定位"这些记忆。正是因为这些过去经历的独特性，我们才能够有意识地记住它们。

在心理学中它们被称为自传体记忆或情节记忆。另一种与理解、意义和知识有关的有意识记忆被称为语义记忆，如记住草莓是红色的。情景记忆和语义记忆也被称为陈述性或外显性记忆，因为它们可以被有意识地声明或讨论。相比之下，内隐记忆或程序记忆适用于技能和习惯，并且无意识地起作用。

我们有意识的经验发生在一个重复习惯的框架内：我们自己的，别人的，以及整个世界的。像所有的动物一样，我们习惯了重复或连续的模式。在我们自己的经验中，习惯产生了一种熟悉感，使我们能够将环境和我们自己的大部分方面视为理所当然。但习惯化是一种主动的无意识。通过与我们不知道的熟悉事物的对比，我们意识到什么是不熟悉的。不熟悉的事物通常会吸引我们的注意力。没有注意力，我们就无法建立起让我们记忆的联系模式。

习惯化可以从自我共振的角度来理解：现在的模式与过去的模式越相似，形态共振就越具体。现在和过去之间的差异越小，我们就越不会意识到任何差异，也就越不会注意到我们现在经验的这一方面。

习惯化是我们的感官和知觉系统运作方式的基础。如果特定刺激在感觉器官和神经系统中引起的有节奏的电模式持续下去，这种重复的模式就会发生自我共振，不再被注意到。我们注意到变化和差异，而不是保持不变。例如，我们不再注意到持续的触觉刺激，如我们的臀部与椅子的接触，我们的衣服与皮肤的接触。我们注意到的是触觉或压力的变化：如果有人意外地碰了我们一下，我们马上就会意识到。当我们的手和手指在表面或纹理上移动时，我们会感觉到它们的不同。

其他感官也是如此。我们很快就不再注意熟悉的气味、声音、味道和景象。习惯化发生的时间范围很广，从一年到一年，从一天到一天，从一分钟到一分钟，甚至从一秒到一秒。例如，视觉系统中的这种短期习惯化，在眼睛扫描事物时，会产生一种对差异的感官意识；我们会更多地注意到边界，而不是中间连续的表面；我们注意到移动的东西比静止不动的东西更多。

在所有的时间尺度上，习惯化都涉及一种对熟悉事物的无意识记忆，这是我们可以意识到变化、运动和差异的背景。认识到熟悉通常会导致习惯性的无意识。它是通过认识而有意识地体验的。

认知是一种意识，即当下的经历也会被记住：我们知道我们以前去过这个地方，或者在某个地方遇到过这个人，或者遇到过这个事实或想法。但我们可能记不起在什么地方、什么时候，或者记不起一个人的名字。识别和回忆是不同类型的记忆：识别依赖于当前经验和以前经验之间的相似性，是一种熟悉的意识。回忆是在记忆的意义或联系的基础上对过去的积极重构。

通常情况下，我们识别要比回忆容易。我可能认得一种植物，但记不起它的名字。但如果有人提醒我这个名字，我马上就能认出来。

许多心理学实验表明，认出来更容易。在一项研究中，研究对象被要求记住 100 个单词，这些单词被展示给他们五次。平均而言，他们只能记住 38％。但当他们被要求识别 100 个单词和 100 个不相关的填充词时，几乎所有的单词都被记住了：平均得分为 96％。在视觉实验中，差异更加显著。例如，实验对象被要求记住一个没有意义的形状。当被要求通过绘画再现它时，他们的能力在几分钟内迅速下降。相比之下，他们却能在许多周后几乎完美地从一系列相似的形状中挑出这个形状。我们大多数人有非凡的视觉识别能力，我们认为这是理所当然的。在一项研究中，研究人员向人们播放 2 650 张彩色幻灯片，每张幻灯片播放 10 秒钟。之后，他们会看到成对的幻灯片，其中一张是新图片，另一张是以前见过的。当被要求辨认之前见过的那张时，几天后他们的正确率都超过 90％。

当原来的 2 650 张幻灯片每张播放 1 秒而不是 10 秒，以及幻灯片左右颠倒时，受试者的表现几乎一样好。

根据形成性因果关系假说，识别和习惯化一样，依赖于感觉器官和神经系统内与先前类似活动模式的形态共振。这些大脑活动的节奏模式是相似的，因为感觉刺激是相似的，如果不是完全相同的话。相似度越高，形态共振就越多。

3. 大脑和记忆

几十年的大脑研究表明，陈述性、有意识或自传式记忆的建立取决于海马体的活动，海马体是大脑颞叶中的一个区域，在所有哺乳动物和爬行动物中都有发现。海马体是边缘系统的一部分，边缘系统是一组与大脑皮层相邻的大脑结构，扮演着与情绪、逃跑或战斗反应、性快感和嗅觉有关的各种角色。海马体的损伤会破坏形成新记忆的能力，并导致定向障碍。海马体是阿尔茨海默病中最先受损的区域之一。

在海马体中，有一个空间编码系统，其内部独特的电活动模式与动物的位置和运动有关。与此同时，海马体与所有不同的感觉系统相连。视觉、嗅觉、听觉、触觉的影响，连同与空间导航有关的神经通路，都汇聚在这里。它们共同构成了在情景记忆形成中起重要作用的脑电活动模式根据目前的假设，这些脑电活动的波形与形态场相联系，并与先前类似的模式进入形态共振。

识别依赖于大脑不同区域的活动，尤其是颞叶的鼻周皮层。鼻周皮层（PRh）属于内侧颞叶（MTL），和新皮质、杏仁核、海马等结构间都有广泛的投射。猴子和大鼠大脑的这一部分被切除后，它们对单个物体的识别能力，以及对气味和触觉刺激的识别能力都会受损。相比之下，切除海马体对识别能力的影响较小。大脑研究已经非常成功地揭示了记忆形成时，在大脑的某些部分，如鼻周皮层和海马体中发生的各种活动。当回忆起记忆时，大脑的类似部位也会活跃。神经影像学研究表明，当人们记忆单词、图片、物体或面孔时，海马体的活动会增强。

约翰·格雷（John Gray）在伦敦的实验室里对一些不幸的猕猴进行了一项了不起的实验，很清楚地证明了长期记忆并没有"储存"在海马体中。他们首先被训练根据物体是在左边还是右边来区分成对的物体。然后通过手术故意破坏它们大脑中的海马体区域，之后这些动物再也无法执行它们已经学会的任务，也无法学习新的辨别任务。然后 Gray 和他的同事们将一些神经干细胞移植到受损的海马体区域，这些细胞生长并重新填充了受损的区域。

几个月后，这些猕猴再次接受了测试，它们立刻表现出了对实验开始时所学到的辨别能力的良好回忆，而在实验开始时，海马区还没有受到损伤。根据这些结果，我们可以得出这样的结论：即使在健忘症期间，被遗忘的记忆仍是完整的，但是无法获得的。海马体的恢复为重新获得这些记忆提供了途径。这些结果与形态共振方面的解释非常吻合，但根本没有提供证据证明记忆以“痕迹”储存在大脑的其他地方[①]。

4. 记忆的痕迹理论

传统观念认为，记忆必须用神经系统内的物理痕迹来解释，这是一种假设，而不是经验之谈的事实。这一假设受到了包括公元3世纪普罗提诺在内的一系列哲学家的质疑。

任何关于记忆的痕迹理论都存在着基本的逻辑问题：当需要查阅或重新激活假想的记忆痕迹时，检索系统就会调用这些痕迹。但要使检索系统能够识别存储的记忆，它必须能够识别这些记忆。但要做到这一点，它本身必须有某种记忆。这样就出现了一种恶性的倒退：如果检索系统本身被赋予了记忆存储，那么这反过来又需要一个具有记忆的检索系统，以此类推。

尽管有这样的争论，痕迹的想法一直非常持久。一个原因是明显缺乏任何替代方法。另一个原因是，它似乎得到了两种众所周知的证据的支持：一是大脑损伤会导致记忆丧失，二是对大脑某些部位的电刺激可以唤起记忆。

5. 脑损伤和记忆丧失

脑损伤会以两种不同的方式导致记忆丧失，即逆行性和顺行性健忘症。逆行性或“向后”健忘症是指丧失了记忆损伤发生前发生的事情的能力。顺行性或“向前性”健忘症是对事后发生的事情失去记忆的能力。

从传统的观点来看，逆行性健忘症可能是由于记忆痕迹的破坏或从记忆存储中检索记忆的能力的破坏（或两者的结合）。相比之下，从形成性因果关系假说的观点来看，过去的活动模式通过形态共振影响现在的可能性是不能被破坏的；相反，脑损伤会影响大脑对过去活动模式的调适能力。

顺行性健忘症，来自传统观点，源于丧失了形成新记忆痕迹的能力；从形成性因果关系的角度来看，则涉及丧失建立新的形态场的能力。然而，脑损伤对记忆丧失的影响并没有提供支持痕迹理论的有说服力的证据。形成性因果关系假说即使不是更好，也同样符合事实。

由于头部突然受到打击而导致脑震荡，人会失去意识并瘫痪。意识丧失可能只持续几分钟，也可能持续许多天，这取决于撞击的严重程度。当一个人恢

---

① SHELDRAKE R. The presence of the past：morphic resonance and the habits of nature ［M］. London：Icon Books Ltd，2011：292 - 296.

复后，他可能在大多数方面看起来都很正常，但却无法回忆起事故发生前的事情：他患有逆行性失忆症。

通常，当他的记忆恢复时，他能回忆起的第一个事件是那些发生在很久以前的事情。最近发生的事情的记忆逐渐恢复。在这种情况下，失忆症不可能是由于记忆痕迹的破坏，因为失去的记忆又回来了。然而，在头部受到打击之前发生的事情可能永远不会被回忆起来，可能会有一段永久的空白期。例如，一个开车的人可能只记得接近事故发生的十字路口，但除此之外就什么都不记得了。

类似的"瞬时逆行性失忆症"也会因电休克疗法而发生，这种疗法是通过让电流通过精神病人的头部来实施的。这类病人通常记不得在电击之前立即发生的事情。对这种失忆症的普遍接受的解释是，它们代表长期记忆无法建立。短期记忆中的事件和信息被遗忘了，因为意识的丧失阻止了它们被连接到可以被记住的关系模式中。无法建立这种联系，从而无法将短期记忆转化为长期记忆，往往会在脑震荡患者恢复意识后持续一段时间：这种顺行性失忆症有时也被描述为"记忆缺陷"。在这种情况下，人们几乎一发生事情就会很快忘记。例如，他们可能会忘记一顿饭他们刚刚吃过饭，或者刚刚听到的消息。

由于中风、意外伤害或手术导致的中央皮层损伤，会出现各种各样的记忆缺陷。有些，如额叶的大面积损伤，会对集中注意力的能力产生一般性影响，从而影响新记忆的形成。另一些则对识别和回忆的能力有相当特殊的影响。例如，识别面孔的能力可能由于右半球次级视觉皮层的损伤而丧失。患者可能认不出妻子和孩子的脸，尽管他仍然通过他们的声音和其他方式认识他们。这种无法识别面孔的症状被称为人面失认症，是丧失识别感官刺激输入能力的多种症状之一。神经学家曾描述过对颜色、声音、有生命的物体、音乐、文字等的失认症。这些有时被描述为思维盲症或语言失聪。

神经科医生通常把这些失认症归因于大脑活动模式的紊乱，而不是记忆痕迹的丧失。其他疾病也是如此，如失语症（语言使用障碍）是由于左半球皮层不同部位的损伤引起的；以及失用症（apraxia），即丧失先前获得的以协调方式操作物体的能力。

根据目前的假设，这些能力的丧失是因为大脑损伤影响了大脑中通常与形态场相关的部分。如果一种适当的大脑活动模式不再存在，这些形态场就不能被调谐或产生它们的组织作用。这种解释使我们更容易理解这样一个事实：丧失的能力往往会恢复；患者通常会从脑损伤中部分或完全恢复，即使受损的区域不能再生。适当的活动模式在大脑的其他地方开始运作。

这几乎是不可能理解的，如果程序是“硬连接”到神经系统；但场可以移动它们的活动区域，并以固定物质结构无法做到的方式进行自我重组。这样的恢复让人想起植物和动物的再生能力。

同样的问题也可以用机械论来解释。一般来说，创伤性头部损伤后，记忆和技能在头 6 个月恢复得很快，在长达 24 个月的时间里，恢复的速度保持在较低的水平。由穿透性损伤引起的脑损伤在感觉、运动和认知功能方面的缺陷，其特点是在绝大多数情况下，功能具有巨大的恢复能力，最终导致很少或没有可检测到的缺陷。研究脑损伤长期影响的主要研究人员之一汉斯·特尤伯（Hans Teuber）在研究了第二次世界大战中受伤退伍军人的康复多年后得出结论：“在我看来，这种影响深远的功能恢复仍然无法解释。”

我们还远未了解大脑是如何组织的，记忆是如何工作的，或者人们是如何从脑损伤中恢复的。尽管经过了几十年的深入研究，对这些现象的机械解释仍然是模糊和推测性的。形成性因果关系假说提供了一种可能更富有成效的新方法，但目前这个问题还没有定论。

6. 记忆的电唤起①

脑外科医生怀尔德·彭菲尔德（Wilder Penfield）和他的同事们在对患有各种神经系统疾病的有意识患者进行手术时，测试了对大脑不同区域进行轻度电刺激的效果。当电极接触到运动皮层的部分区域时，会出现适当的肢体运动。刺激初级听觉或视觉皮层会引起听觉或视觉幻觉，如嗡嗡声或闪光。刺激次级视觉皮层则会产生对花朵、动物、熟悉的人等的视觉幻觉。当颞叶皮层的某些区域被触碰时，一些患者会回忆起明显特定的记忆序列，如晚上听音乐会或电话交谈。这些病人常常暗示这些经历具有梦幻般的性质正如彭菲尔德最初假设的那样，这些记忆的电唤起可能意味着它们被储存在受刺激的组织中；也可能意味着对该区域的刺激激活了大脑中与之相关的其他部分。但这也可能意味着刺激导致了一种活动模式，通过形态共振调谐到记忆中。

---

① SHELDRAKE R. The presence of the past: morphic resonance and the habits of nature [M]. London: Icon Books Ltd, 2011: 296 - 300.

值得注意的是，彭菲尔德本人，在对这些发现和其他发现进行进一步思考后，放弃了他最初的解释，即颞叶皮层的某些部分应该被称为记忆皮层："这是一个错误……记录不在皮层中。"彭菲尔德放弃了记忆痕迹在大脑皮层内的局部化的观点，转而支持记忆痕迹分布在大脑其他不同部位的理论。

从形成的因果关系来看，记忆痕迹的难以捉摸有一个非常简单的解释：它们不存在。更确切地说，记忆依赖于过去大脑活动模式的形态共振。我们收听过去的自己，我们不会在大脑中到处携带记忆。

7. 忘记

谢尔德雷克认为遗忘与形态共振一样兼容。

第一，我们的大部分经历或多或少会立即被遗忘。我们没有特别注意，也没有在不相干的元素之间形成新的联系或联想；因此，我们无法记住任何特征的联系或关联。从机械论的观点来看，这是因为一开始就没有留下适当的记忆痕迹；从形成性因果关系的角度看，是因为没有建立合适的形态场。

第二，遗忘取决于语境。我们可能会在某些情况下记住事情，而在另一些情况下忘记。我们在熟悉的环境中比在不熟悉的环境中更能记住别人的名字或用外语说的单词，这是一个普遍的经验。

第三，西格蒙德·弗洛伊德（Sigmund Freud）注意到了压抑，包括无法记住某些事件，尤其是痛苦的事件，尽管如此，这些事件仍会对行为产生强大的无意识影响。由于它们令人不安的重要性，即使不是不可能，也很难有意识地回忆起来。没有人认为它们被遗忘是因为假设的记忆痕迹已经消退。

第四，大脑损伤会导致各种各样的记忆丧失。但正如我们刚才看到的，这并不能证明失去的记忆是在受损组织中编码的。

第五，许多遗忘的发生似乎是由于后来类似的经历和活动模式的干扰。我们的经历是累积的，相似的经历往往会"一起出现"，或者混淆在一起，以至于我们无法分别回忆起它们。这样的重复强化了习惯，但同时也不利于有意识的回忆。例如，我们不可能回忆起我们开车的所有不同场合，尽管这些累积的经验构成了我们驾驶技能的基础。我们也从自己的经验中知道，如果我们只参观过一个有趣的地方或见过一个重要的人一次，我们很可能会详细地记住我们的印象。但如果我们多次访问一个地方或遇到一个人，第一次就很难记住了；细节往往会在"模糊"中消失，这是对这个地方或这个人的累积复合记忆。在心理学文献中，这种在随后的类似经历之后回忆经历的能力的下降被称为回溯干扰，并且经常被实验证明在这种背景下，记忆系统强调形成引人注目和不寻常的图像是很有道理的。

这种遗忘背后的模糊或混乱与形态共振的解释非常吻合，形态共振将过去类似的活动模式的影响汇集或融合在一起。个人相似的过去活动模式之间的差异并没有完全消失，因为它们有助于形态场的整体概率结构，但它们不能再被单独回忆起来并彼此混淆。

8. 对前世的回忆

根据形成性因果关系假说，我们拥有自己记忆的原因是我们与过去的自己比与其他任何人更相似，我们受到来自自己以前状态的高度特定的自我共振的影响。但我们也与我们自己的家庭成员、与我们所属的社会群体成员、与我们拥有相同语言和文化的人相似，而且确实在某种程度上，我们与所有其他人类相似，无论是过去的还是现在的。我们的个人记忆和集体记忆在程度上不同，但在种类上没有区别。

形态共振可能为一种相对罕见但有充分记录的现象——前世记忆——提供了一种新的解释。一些年幼的孩子自发地声称记得前世，有时还会给出他们声称是前世的人的生与死的具体细节。已有几十个案例研究被记录在案。研究表明孩子们提供的一些细节是正确的，孩子们不可能通过正常的方式知道这些细节。在催眠状态下的成年人有时会对前世有明显的记忆，但很多可能是幻想，远不如幼儿自发的情况令人印象深刻。

那些接受前世记忆证据的人通常用转世或重生来解释。然而，形成性因果关系假说提供了一个不同的视角：在这种情况下，一个人可能由于某种原因通过形态共振与生活在过去的某个特定的人调谐。这可以解释记忆的转移，而不必假设现在的人是过去的人。

然而，我们受到他人形态共振影响的主要方式可能是通过一种集合记忆。集体记忆是我们心理活动的基础，这一观点是形成性因果关系假设的自然结果。在卡尔·荣格和其他深度心理学家提出的集体无意识概念中，已经存在一个非常相似的想法。

集体记忆就像习惯一样，相似活动模式的重复抹去了模式中每个个体实例的特殊性；所有类似的过去活动模式都通过形态共振对形态场做出贡献，并且可以说是合并在一起。结果是这些以前的相似模式的合成或平均，荣格称这种习惯模式为原型，并认为它们是通过集体重复建立起来的。生活中的典型情境有多少，原型就有多少。无尽的重复已经把这些经历刻在了我们的精神构造中……当一种与给定的原型相对应的情况发生时，那个原型就被激活了。

四、形态共振与科研范式

（一）集体无意识与形态场

荣格认为集体无意识是心理的一部分，它可以与个人无意识消极地区分开来，因为它不像后者那样，将其存在归功于个人经验，因此不是个人获得的。虽然个人无意识最终是由曾经被意识到，但由于被遗忘或压抑而从意识中消失的内容组成的，但集体无意识的内容从未在意识中存在，因此从未被个人获得，而是完全归功于遗传。

个人无意识大部分是由情结构成的，而集体无意识的内容基本上是由原型构成的。荣格采纳这一观点的原因之一是，他在梦境和神话中发现了反复出现的模式，这些模式表明无意识原型的存在，他将其解释为一种遗传的集体记忆。他无法解释这种遗传是如何发生的，他的观点显然与传统的机械论假设不相容，即遗传取决于 DNA 分子编码的信息。即使假设约鲁巴部落的神话可以以某种方式被编码到他们的基因中，他们的原型结构被部落的后续成员继承，这也无法解释一个瑞士人如何能有一个似乎来自同一原型的梦。荣格关于集体无意识的观点在机械论生命理论的背景下是没有意义的；因此，它在正统科学中没有得到认真对待。但是，从形成的因果关系的角度来看，它是有道理的。

通过形态共振，过去许多人共同的思想和经验结构促成了形态场。这些场包含了用概率定义的以往经验的平均形式。这个想法与荣格的原型概念相对应，即"天生的心理结构"。

没有主观天资的介入，就没有人类的经验，也根本不可能有经验。这种主观天资是什么？在某种意义上，它们是我们所有祖先经验的沉淀。虽然荣格认为集体无意识是所有人类共有的，但他并不认为它是完全无差别的："毫无疑问，在早期和更深层次的心理发展上……所有人类都有一个共同的集体心理。"但是随着种族分化的开始，本质上的差异也在集体心理中发展起来了。

心理学家玛丽-路易丝·冯·弗朗茨将这个想法进一步发展。在个人无意识的层次之下，是家庭、部族、部落等的"群体无意识"。在这一层次之下，是广泛的民族单位的"共同无意识"。"例如，我们可以看到，澳大利亚或南美印第安神话形成了这样一个更广泛的'家庭'，具有相对相似的宗教主题，然而，它们并不与全人类共享。"

这样的概念大体上与形态共振的观点是一致的，形态共振的特殊性取决于相似性：特定社会群体的成员通常与同一群体的过去成员更相似，而不是与完全不同种族和文化的社会群体更相似；但所有人类群体的基础都是普遍的相似性，通过这种相似性，所有人都参与了共同的人类遗产。

（二）进化心理学与形态场

从 20 世纪 90 年代开始，一场跨学科运动将进化论、人类学、心理学、考古学和计算机理论的发现联系在一起，并将其命名为进化心理学。这一领域的两位领军人物约翰·图比（John Tooby）和莉娜·科斯米德斯（Lena Cosmides）将其原理总结为如下：

（1）大脑是一个物理系统。它的功能就像一台计算机，其电路已经进化到能够产生与环境相适应的行为。

（2）神经回路是由自然选择设计的，用来解决人类祖先在进化为智人时面临的问题。

（3）意识是心智的内容和过程的一小部分；有意识的经验会误导个人，让他们相信自己的思想比实际情况更简单。大多数被认为容易解决的问题实际上非常难解决，它们是由非常复杂的神经回路驱动和支持的。

（4）不同的神经回路专门用于解决不同的适应性问题。

（5）现代人的头骨里藏着石器时代的思想所有的遗传行为，都是由基因决定的。

正如 Tooby 和 Cosmides 所说："基因是功能设计特征从父母身上复制到后代身上的手段。"由于随机突变和自然选择的进化是一个缓慢的过程，在技术社会的现代城市生活条件下，它们对遗传的适应性行为的进化几乎没有影响。因此，"现代头骨容纳了石器时代的思想"的观点就出现了，如果我们的思想是旨在解决祖先世界提出的适应性问题的机制的集合，那么狩猎采集者的研究和灵长类学就是现代人性的不可缺少的知识来源。

进化心理学同意形态共振的观点，即把注意力集中在祖先的模式上，这些模式在帮助塑造它们的条件发生变化后，在现代世界中长期存活下来。例如，对蛇的天生恐惧可能是通过形态共振遗传下来的，这是基于我们的人类和前人类祖先与蛇的多次痛苦或危险的接触。几百万年来，我们的祖先一直是食肉动物捕食的对象，儿童尤其容易受到影响。所以，一个有趣的事实是，孩子们的第一个噩梦往往是狼吞虎咽的野兽，他们最兴奋的游戏是捕捉和追逐，睡前故事包括食肉怪物。对五六岁的美国儿童进行的一项调查发现，他们最害怕的不是细菌或交通事故等现实危险，而是野生动物，主要是蛇、狮子、老虎和熊。

没有证据表明这些恐惧是由基因编码的，是由随机突变引起的。通过形态共振产生的集体记忆会提供一个更简单的解释。从形态共振的角度思考行为遗传，大大增加了进化心理学作为一种一般方法的合理性，并将其从机械论的教条主义中解放出来。形态共振不要求行为习惯通过多代的随机突变和自然选择在基因上被编程，因此不需要根据对石器时代发生的事情的推测来尝试和解释人类行为的所有遗传方面，从而允许从那时起很少或根本没有行为进化。

行为的形态领域受到自然选择的影响，但它们的进化可以是快速的。响应现代技术而产生的新行为模式可以通过形态共振遗传，行为进化的发生速度可能远远超过任何遗传机制所允许的速度。

（三）科学范式与形态场①

自然科学都承认共同的原则，并承认像伽利略、笛卡尔和牛顿这样的奠基人。它们被分为几个广泛的领域，如物理学、化学、地质学和生物学，这些领域又在伟大的历史人物的影响下发展起来，如生物学中的林奈和达尔文。还有进一步的细分，如有机化学和植物学，而这些又包含了一系列更专业的学科：植物学包括植物分类学、解剖学、生理学、病理学、生物化学、遗传学等。这些又被细分为专门的分支学科：例如，作物生理学是植物生理学的一个分支。这些学科和分支学科中的每一个都有自己的历史，都有自己的伟人，他们的照片经常从实验室走廊的墙上往下看。每个学科和分支学科都有自己的教科书、期刊、通信、专业协会和会议。科学是由专业团体来实践的，这些专业团体自我规范，并对进入其中的人进行培训。这些团体的成员有共同的兴趣和态度，并在他们共同的训练和经验的基础上认识到同一领域内的其他人。

在目前的语境中，科学领域确实可以被看作是场——形态场。

一方面，这些领域包容了专业共同体的成员，是构成群体团结和凝聚力基

---

① SHELDRAKE R. The presence of the past：morphic resonance and the habits of nature ［M］. London：Icon Books Ltd，2011：372 - 376.

础的社会领域。另一方面，它们对主题的感知和分类方式、解决问题的方式进行排序，并在总体上为学科内的思想和实践提供框架。

这种形态场与科学史家托马斯·库恩（Thomas Kuhn）所说的范式相对应："范式是一个科学共同体的成员所共有的东西，相反，一个科学共同体由共享范式的人组成。"

库恩认为，常规科学是一种累积和进步的活动，包括在共同范式的背景下解决难题。相比之下，非同寻常且相对罕见的科学革命则建立了一种新的范式或框架。通常，这对于在旧范式中成长起来的实践者来说，一开始是没有意义的；随之而来的是一段争议期，只有当现有的专业人士要么被转换为新范式，要么相继死亡时，这段争议期才会结束。这种新范式为一个正常科学的进一步发展时期。

库恩在两个主要意义上使用了范式这个词。一方面，它代表某一特定共同体的成员所共有的信念、价值观、技术等。另一方面，它指的是这个群体中的一种元素，即具体的谜题解答，把它们当作模型或例子，可以取代明确的规则，作为常规科学中其余谜题解答的基础。

"范式"一词的第一层含义是社会学的，库恩建议用"学科矩阵"作为替代。对于第二种意义，即共享范例，他建议用范例（exemplar）一词作为替代。他通过考虑为学生的专业实践做准备和许可的"教育启蒙"来阐明这个词的两种含义。随着学生从大一的课程进展到他的博士论文，分配给他的问题变得越来越复杂，越来越没有先例。但这些问题仍将继续以以往的成就为蓝本。学生并不仅仅通过口头的方式来学习，他还获得了一种只有通过实践才能获得的隐性知识，他已经吸收了一种经过时间考验和群体许可的观察方式。这种习得的观察方式不仅局限于对问题的感知，而且也适用于字面意义上的感知。一个新手在看云室的照片时，看到的只是一团混乱的水滴；但一个训练有素的粒子物理学家看到了电子、α粒子等的轨迹。同样，一个新手通过显微镜观察植物组织的幻灯片，只会看到混乱的颜色、线条和斑点；但植物解剖学家看到的是特定类型的细胞，细胞内部有细胞核、叶绿体和其他结构。

将范式解释为形态场不仅涉及用一个术语代替另一个术语，而有助于将库恩的见解置于更广泛的形成因果关系的背景下，无论是在人类文化中还是在整个自然领域中。形态共振对这些领域的稳定有助于解释科学传统的连续性和保守性。当新成员被引入科学家的专业社区时，通过形态共振，他们受到社区其他成员的累积影响，直接回到传统的创始人那里，并吸收传统的习惯。

新的形态场、新的范式的出现，不能完全用过去的东西来解释。新领域一开始是洞察力、直觉跳跃、猜测、假设或猜想。它们就像精神上的突变。通过一种"格式塔转换"，新的联想或联系模式突然产生。例如，化学家弗里德里希·冯·凯库尔关于他发现苯环结构的梦的著名描述：我把椅子对着火打了个盹儿……原子又在我眼前乱蹦乱跳。这一次，较小的原子群谦虚地躲在后面。我的思维之眼，由于反复看到这类景象而变得更加敏锐，现在可以分辨出更大的、形状各异的结构；一排排的建筑物，有时排列得更紧密；都以蛇形的动作缠绕和扭曲。但看！那是什么？其中一条蛇抓住了自己的尾巴，然后形体在我眼前嘲弄地旋转着，我仿佛被一道闪电惊醒。

数学家亨利·庞加莱曾这样描述他的一个基本发现——富克斯函数理论——的起源：我花了十五天的时间努力证明不可能有任何函数像我后来称之为富克斯函数的那种函数……一天晚上，与我的习惯相反，我喝了一杯黑咖啡，睡不着觉。各种想法纷至沓来；我感觉到它们相互碰撞，直到成对地相互联结，可以说，形成了一个稳定的组合。到第二天早上，我已经确定了一类富克斯函数的存在性。我只要把结果写出来就行了，这只花了几个小时。

另一位伟大的数学家卡尔·高斯（Karl Gauss）描述了他如何最终证明了一个他研究了四年未果的定理：两天前，我终于成功了，不是由于痛苦的努力，而是可以说是由于上帝的恩典。就像灵光一闪，谜团就被解开了……就我而言，我说不出把我以前所知道的和使我成功成为可能的东西联系起来的那条线索的性质。

博物学家阿尔弗雷德·罗素·华莱士（Alfred Russel Wallace）在荷属东印度群岛患严重的疟疾时，在一次突如其来的灵感启发下，独立于达尔文发现了自然选择的原理。

正如库恩所言："'解释'一词的任何一般意义都不适合这些直觉的闪现，而一种新的范式正是通过这种闪现而诞生的。"

五、小结：天才还是神棍？

听起来我们似乎建立了一个全新的、前沿的，可以解决一切科学解决不了的有关知识和记忆的范式。

但事实可能没有那么顺利，因为罗伯特·谢尔德雷克长期以来是被当作一个另类的科学家而出现的。

一个典型案例是，1981 年，当他的专著《生命的新科学》出版时，《自然》杂志社头版发表了一篇题为《该被烧掉的书？》的书评，对该书进行了激烈的批判，该文声称即使是《我的奋斗》这样的书也不应该被烧掉，因为可以作为政治病理学的反面教材。但是这本书不一样，这是本这么多年来最应该被扔到火堆里去的书。

罗伯特·谢尔德雷克显然被气到了。2005 年，他得到了再版《生命的新科学》的机会，他特别把这篇书评拿过来鞭笞了一番，并提醒读者该书评"现在来看是臭名昭著的书评"。

1994 年，英国广播公司电视台采访了《自然》杂志那篇书评的作者约翰·马多克斯。十多年过去再次谈到形态场理论，约翰·马多克斯的观点没有丝毫改变，"谢尔德雷克提倡的是魔法而不是科学，这是异端邪说"。

作为回应，谢尔德雷克说这和教皇谴责伽利略的语言是完全一样的，理由也是一样的。但是谢尔德雷克提醒对方注意，在约翰·马多克斯接受采访的两年前，即 1992 年 7 月 15 日，教皇约翰·保罗二世正式宣布教会谴责伽利略是错误的。

这不是孤例。用生物学的研究方法去研究灵长类乃至人类，总是会遇到这样的情况。例如达里奥·马埃斯特里皮埃里，一位著名的动物行为学家，他写了一篇灵长类行为进化分析的论文给科学期刊《进化》——该杂志曾发表了大量用果蝇开展的进化分析研究。但是达里奥的这篇稿子很快被退回来了，理由是"灵长类不是研究进化的标准物种"。气愤的达里奥忍不住回复了一句"我认为查尔斯·达尔文不会同意你的这个观点"[1]。动物行为学家德斯蒙德·莫利斯（Desmond Morris）写的《裸猿》（The Naked Ape）一书断定人就是猿猴的一种，可惹怒了不少人，在世界的某些地方这本书成了禁书，教会收缴了地下流通的版本并付之一炬，敦促其改邪归正的宗教小册子"如洪水袭人、雪崩压顶"。因为很多正义感爆棚的人们担心他的书会"使人兽化""人类掉进兽性本能的陷阱而不能自拔""侮辱人"等[2]。

罗伯特·谢尔德雷克创立了一个堪比达尔文的学说理论，但显然现在他的

---

[1] 达里奥·马埃斯特里皮埃里. 猿猴的把戏：动物学家眼中的人类关系［M］. 北京：电子工业出版社，2014：274 - 275.

[2] 德斯蒙德·莫利斯. 裸猿［M］. 何道宽，译. 上海：复旦大学出版社，2010：2 - 3.

学术地位距离达尔文还很远，他甚至需要专门建立一个个人的网站来宣传自己的思想并出售相关图书和音像制品，这让他看起来更像是一个神棍。

但不管怎么说，建立统一的范式来整合自然科学与社会科学，这样的愿望是如此美妙，值得去探索和尝试。罗伯特·谢尔德雷克用场理论构建了一个从物理学到生物学、到心理学再到社会学的统一范式，并具有强大的解释力，值得持续关注。

在人类历史上，我们能找到很多可以用"场"来解释的巧合。例如，不同地域的人类文明几乎在同一时间迎来大爆发，不同地域的科学家几乎同时取得某个重大突破——甚至引来了各种谁是第一和涉嫌剽窃等纷争——如果用场理论来解释简直严丝合缝。

我们甚至还可以得出一个推论，那就是"人类很难保有任何重大的秘密"。某个国家在某个领域取得了重大的突破，无论它采取任何保密的手段来试图维持自己的垄断地位都将是徒劳的。因为形态场的存在，这个秘密很快就会以各种方式被其他国家的聪明人"再发现"。例如，曾经是人类社会最高机密的核武器制造方法现在都已经不是机密了——除非这个国家不想要，否则它大概率能自主获得理论和实践的方法，限制他们的往往是"材料"而不是"知识"。

上述推论对知识占有差异弥合的努力具有重要意义。它让我们意识到削峰填谷是自然规律，知识的传播不可遏止，具体领域的知沟弥合是可以实现的。

此外，让我们再回过头来看看哲学上那个广为流传的知识定义，"得到证成的真信念"，"证成"重要吗？"真"重要吗？其实都不是最重要的，有很多物理学现象现在我们都没有办法去解释，但因为其惊人的解释力和预测力，我们将其用于指导实践没有任何犹豫，并且我们就定义其为"知识"。

知识最重要的使命就是"指导实践"——让行为结果走在我们预想的范围内。从这个意义上来讲，我们不应该忽视任何前沿的可能。

六、本章小结

可以看到，不同学科视角下，知识拥有不同的概念和特性，人与人之间的知识占有差异也表现出不同的面貌。

哲学层面的知识，强调真和证成，其实是把知识等同于被认识的真理。但由于知识的运动性或者说概然性的特征,对真的追求必然导致知识的讨论走上怀疑论的道路。同样,对证成的追求,也会使先验知识的考量陷入难以证成的逻辑陷阱。因此,个人认为知识定义应放弃对"真"和"证成"的执拗追求。

信息论以及信息、知识概念的对比研究,为哲学层面的知识定义逻辑困境的破解提供了一把钥匙。大千世界纷繁信息,只要被认知到,就可以称之为知识,如此宽广的知识定义,打开了知沟研究的视野和新世界的大门。信息论中信息系统的框架也可以无缝移植来作为知识传播系统的框架,有助于知识占有差异问题的形而上解决。

认知科学大量的研究成果证明了知沟存在着生理性的基础,这种生理性的基础有些可以用社会学视角的方法来解释,但是社会学视角对大部分知沟的生理性基础无能为力。

在哈耶克看来,经济学就是建立在知沟之上——因为没有一个全能的人或机构能掌握全部的信息(知识)。知识的独占与分享可以造就新产业、新经济形态、新社会形态。知识扩散的速度和准确率与传受者距离成反比,也就是说,空间、距离等因素是知沟产生的原因之一。

从马克思主义的视角来看,知识只有在实践中才能完成其验证、修正和演进。马克思认为知识占有的分化是导致阶级出现的原因之一,这与知沟研究者认为阶层的出现导致知识占有分化有一点差异。马克思特别强调知识的实践性,确立了马克思主义知识论的鲜明特色。

罗伯特·谢尔德雷克为建构其"形态场"理论,搜集了很多从生物学角度论述学习、记忆和知识的科学实验,并试图借用物理学"场"的概念来建立一个从物理到生物再到社会科学的统一范式。他的尝试对社会学视角的知识占有差异研究来说,是很好的补充。

综上可见,在不同的视角观察知识会看到不同的景象。张新华等列举了物理学中"波粒二向性"问题来印证该判断。光是物质性的粒子还是过程性的波?实验证明了光是粒子,同时也证明了光是过程,但这两个属性又是矛盾的,怎么解释呢?物理学家们强调了观察者的作用,认为以上两种属性与观察者的视角有着直接的关联,也就是说,不同的视角会带来不同的观察结果。他们认为当经济学家和管理学家将关注重点放在对知识进行分类、组织、测度、管理并意图从中发现其资源和经济价值时,知识就表现出实体的性质;而当心理学家、知识论学者和社会学家更多地将研究重点聚焦在个体和组织层面上创造、适应、提高、应用和交流知识的原理和机制时，这些持续的知识运动就显示出过程的性质①。

真是天才的联想和譬喻！我们能从以上的案例中思考和体味很久。社会科学不断地从自然科学借名词、借框架，但是借过来真能用的时候那真是神来之笔！

---

① 张新华，张飞. "知识"概念及其涵义研究［J］. 图书情报工作，2013，57（6）：49-58.

理解狒狒的人，对形而上学的贡献将远超洛克。

——查尔斯·达尔文

第 三 章
CHAPTER 1

方法：综合范式下的知沟考察

如果我们综合传播学、社会学、经济学、生物学、信息学等学科的视角，用以考察知识占有差异，会有什么样的结果呢？接下来就是我的新尝试。

在框架上，我使用了信息论的框架，从传播者、渠道、受众三个部分来分析。在内容上，我综合了所有自己当前所占有的视角和方法，当然这种尝试目前也只是一个方向性的探索。

第一节　打开"黑匣子"：知识创生的生物学基础

一、基础框架与设定

知识的创生、占有环节的考察基本在认知科学领域内进行，包括知觉、学习、语言、记忆、注意、意识、主观和客观等。

学习是经验知识的积累过程，是对外部事物前后关联的把握和理解的过程，可以改善个体系统行为的性能。1949 年加拿大心理学家赫布（Hebb）提出赫布学习规则，认为学习过程可能会导致突触发生变化，导致突触连接的增强和传递效能的提高，科厚南（Kohonen）提出自组织映射网络等假说。

奥苏伯尔（Ausubel）认为学习过程是由已有认知结构与新信息的融入共同完成的，是一种新旧知识意义的同化。盖聂（Gagne）引入信息论的分析框架，将学习结构分为感受登记器、短时记忆、长时记忆、控制器、输出系统五个部分，认知过程分为选择性接收、监控、调节、复述、重构五个部分。其中关键是执行控制和期望，整个学习过程都是在这两个部分的作用下进行的[①]。

研究基于以下设定展开。

第一，人类拥有与生俱来的认知能力，虽然存在个体或群簇的差异。解释人类认知的工作的一部分，是识别出与生俱来的能力，以及识别出产生工作效率的人的经验组合。

第二，人类是活跃的信息搜寻者。把人们视为对信息很饥渴，在持续不断地扫描他们的环境，搜寻相关的进展。

第三，人类通过感官与外界环境互动，通过感官采集的信息进入人类生命体后被加工吸收，进而对人类行为造成影响。

第四，人类是复杂的动态系统。任何一个单独的行为都是个体的内部的、外部的，不同的系统的组件彼此或相互之间的，多方面整体互动的结果。

第五，大脑是知识的调制器[②]。因此对信息传播效果的考察，不能漏掉人类的信息处理器，需要打开大脑的黑匣子，考察其中的信息加工特点。

二、生物学方法：寻找记忆的物质基础[③]

心理学家更能接受生物学方法。皮亚杰认为，知觉的感知运动或运算图式的守恒构成记忆，它们的组织构成逻辑，没有组织就没有守恒，没有守恒亦不可能有组织。认知图式并不含有绝对的开端，而是通过连续的平衡和自动调节

---

① 李彪，郑满宁．传播学与认知神经科学研究：工具、方法与应用［M］．北京：人民日报出版社，2013：3-4.

② 罗伯特·F. 波特，保罗·D. 博尔斯．传播与认知科学：媒介心理生理学测量的理论与方法［M］．支庭荣，余虹珊，卢锋，等译．北京：清华大学出版社，2012：27-49.

③ 查尔斯·尼尔森，萨拉·韦布．早期记忆发展的认知神经科学视角［M］//米歇尔·德·哈恩，马克·H. 约翰逊．人类发展的认知神经科学．杭州：浙江教育出版社，2017：100-120.

· 143 ·

建立起来的。外部干扰只有被同化到已经存在的图式中，图式才能够分化：因此认知图式是逐步产生的，每个图式都由前一图式发展而来，而且，归根结底，它们始终依赖于神经系统和器官系统的协调，所以，认识必然与整个生命有机体相互依存①。

凯尔·拉什利（Karl Lashley）用了多年的时间试图解决"记忆是如何在大脑中组织的"这一问题。他训练动物完成特定任务，然后逐一移除皮层的不同区域，希望找到记忆的储存位置。但是，无论他移除了多少皮层组织，都未找到一个特定的大脑区域印刻了记忆。他在1950年写道："这一系列实验发现，没有真正的大脑分区是在本质上负责记忆。"后续研究澄清了拉什利失败的原因：大脑中的很多区域和结构（非单一区域）与记忆的形成均有重要关系。

唐纳德·赫比（Donald Hebb）（拉什利的一个学生）将记忆区分为短时记忆和长时记忆。他认为短时记忆是在有限时间内的主动过程，不会在大脑中形成痕迹。相比之下，长时记忆由神经系统结构的改变所产生。赫比相信，这些结构的改变来自皮层神经环路的不断激活。组成环路的神经元的反复活动会致使它们之间的突触功能性地连接起来，一旦形成连接，这些神经元就构成了一个细胞结集，这种细胞结集中任何一部分的神经元兴奋都会激活完整的回路。赫比假设这些结构改变很可能在突触中发生，并且以生长过程或新陈代谢改变的方式来增强神经元自身对下一个神经元的影响。

被多数认知神经科学家认同的观点是，记忆并不是单一的特质，而是存在不同"类型"的记忆或不同的记忆"系统"。目前，有关记忆的文献将记忆区分为外显（或陈述性）记忆和内隐（或非陈述性）记忆。外显记忆主要指可以被叙述的记忆，可以以图像或陈述的形式被带入头脑中，存在于时间框架中，并且这种记忆是我们可以意识到的。外显记忆的例子主要包括回忆事件、物体或地点的能力。外显记忆可以在快速的时间框架内发生，也可以在涉及"自我"的特定情境下发生。内隐记忆包括多种不同类型的记忆，这些类型都与外显记忆有区别。所有类型的内隐记忆都被认为是无意识的，包括习惯、技能、

---

① 皮亚杰. 生物学与认识：论器官调节与认知过程的关系［M］. 尚新建，杜丽燕，李浙生，译. 北京：生活·读书·新知三联书店，1989：4-13.

程序、条件作用和启动。

三、认知科学方法：认知个体差异及其延续①

堪萨斯大学的约翰·科洛姆博和俄勒冈健康科学大学的杰瑞·S. 简萨采用认知神经科学方法对婴儿认知作了个体差异研究。

人们发现，早期认知的测量结果可以合理地预测出童年和青少年期的智力。目前已经有几个特定的婴儿认知测量方法证明，在婴儿中能测出有实际意义的个体差异。这意味着，婴儿期的测量结果可以预示后期童年期的智力。也就是说，从婴儿期到童年期，在某些认知任务上表现出的个体差异具有延续性。

主要的测量方法有以下几种：

首先是共轭增强范式中的长时记忆保留法。该方法适用于 2 月龄以上的婴儿，还有几项学习和记忆保留的测试方法。研究报告显示长期记忆保留更强的婴儿在生命的第一年和第二年会在标准化的智力量表上得分更高，并且三岁时会出现成就管理。

另一种预测性测量方法来自视觉期望范式（visual expectation paradigm）。在这个范式中，研究者给婴儿呈现有规律且可预测的时空视觉图案刺激。在这两种特定的范式下收集到的个体差异可用于预测成年期的认知结果。例如，迪拉拉（DiLalla）等人在报告中称，那些能更快地熟悉视觉刺激位置点的婴儿，日后在童年早期进行的标准化智力测验上得分更高。另外，在重复体验可预测的视觉刺激序列后，一些婴儿将会"预期"（prediction）看到特定空间位置的刺激呈现。虽然在迪拉拉等人的分析中并没有说明这些预测会与以后的童年期测验结果显著相关，最近更多的研究表明，个体预测刺激出现的能力差异，与随后的童年期认知测试表现是相关的。也就是说，期望次数更频繁的婴儿在童年期智力测试上的得分比期望次数更少的婴儿要高。

此外，视觉习惯范式已经在大量的婴儿研究中使用，并获得了中等的预测效度。在这个范式中，对重复呈现刺激的反应体现出婴儿的注意。通常，我们

---

① 约翰·科洛姆博，杰瑞·S. 简萨. 关于注意与记忆发展关系的认知神经科学观点［M］//约翰·E. 理查兹. 注意的认知神经科学. 艾卉，徐鹏飞，等译. 浙江教育出版社，2017：313－403.

观察到反应的典型减弱被解释为存在未加工的学习。从这种婴儿期"学习曲线"收集到的多种测量指标与后期在智力、成就、认知和语言上的表现都相关。

最后，婴儿在配对比较或熟悉新异性范式中表现出的个体差异，在长期看来是有着深远意义的。在这个范式中，首先给婴儿呈现一段时间的两个或三个量度的刺激，接下来，婴儿会选择看相同的刺激或新异的刺激。通常，起初呈现刺激的时间足够长的话，超过两个月大的婴儿会显示出对新异刺激的偏好，尽管系统熟悉性偏好有时会在有三个刺激量度或熟悉性足够时出现。有几个例子说明，婴儿期的高新异偏好与童年期在智力与语言量表上更好的表现是相联系的。

这种从婴儿期延续到成熟期的个体差异得以保存的现象说明，早期的个体差异实际上深远地预示着后期的认知功能差异。然而研究者同时警告这种预测作用绝不可理解为个体在认知功能上的参数值在生命的早期就可以确定，因为预测水平的绝对值是相对中等的。另外，这些独立认知参数的测量忽视了儿童所处环境对他们最终的认知输出明显并且重要的变量的影响。

四、人内传播：认知传播学方法及成果

（一）人内传播概念与进展

传播学试图打开认知黑箱的手段是创造了人内传播的概念。

人内传播看起来是个很奇怪的概念，不少传播学者认为这应该是认知心理学的范畴。所以虽然西方新闻传播学者将其纳入传播学范畴考量过一段时间，但很快他们就发现，在这个领域他们很难竞争得过范式看起来更加"科学"的心理学，于是纷纷败下阵来，主动把这个词从传播学领域内淘汰掉。1989 年版的《传播学国际百科全书》没有收录"人内传播"词条。曾经录入"人内传播"概念的辞典、教材也纷纷删除了这一概念。如 1994 年《传播与文化关键概念》（第 2 版）删除了这个词条。小约翰的教材《人类传播理论》在其第 2 版和第 3 版中都有"人内传播"，但是到 1995 年的第 5 版就没有了"人内传播"的专门介绍。尽管国内翻译的《人类传播理论》第 9 版中依然还能找到"人内传播"的概念，但对照英文原文是译者翻译时使用了原文作者刻意规避

的概念[①]。

但是这个词在中国传播学界顽强生存了下来。人内传播目前是传播渠道的五大门派之一，就在我写这本书的当下，还有学者在 CSSCI 期刊上发表相关的论文。教材里也仍然在使用和介绍。

话说回来，我本人是赞成传播学者去研究人内传播的——不管它是什么名称，属于哪一个学科。因为不管你喜不喜欢，有没有这个能力，如果你不把认知科学的这一块东西补上来，你的理论都是不完整的，其解释力永远都会缺那么一大块。

国内传播学者们把人们知识内化的过程比拟为传播的过程，然后从这个所谓"传播"的角度考察了"镜中我""认知协调""记忆""内省""自我认知""主我-客我""自我互动"等概念和理论。陈力丹等认为人内传播并不是纯粹生理学的活动，它具有很强的心理特点和社会性。作者认为镜中"自我"的获得是人内传播与人际传播的结合体，人内传播还关注个体的认知协调，通过改变认知、增加新认知、改变认知的相对重要性、改变态度等方式，个体、民族、国家等可以实现认知的协调。从陈力丹的论述来看，确实基本上在心理学的框架之内[②]。郭婧一、喻国明使用超扫描范式讨论了人际传播下的人内传播研究维度。也就是用认知神经科学的仪器和方法来研究传播学框架下的生理变化[③]。总体看相关论文还是很少，其余研究多结合某一具体领域探讨人内传播问题，与本书主题关系不大，不再赘述。

（二）人内传播的分层

莫永华等人基于认知心理学方法提出了人类分层传播的模式。该模式共有五层，从低到高依次为感觉/反应层、知觉层、记忆层、知识表征层、思维层（图 3-1）。

第一层感觉/反应层，通过人类的视、听、触、嗅、味等感觉通道来接收内外刺激信号，将物理刺激转换为能够传递与加工的生物电信号（感觉信息的转录），并通过动作电位把外部事件的信息传递到大脑中枢特定区域，进行感

---

① 聂欣如，陈红梅."人内传播"再商榷［J］.上海大学学报（社会科学版），2018，35（2）：109-120.

② 陈力丹，陈俊妮.论人内传播［J］.新闻与传播研究，2010（1）：9-13.

③ 郭婧一，喻国明.从"人内传播"到"人际传播"：超扫描范式在认知神经传播学研究中的应用与拓展［J］.新闻与写作，2022（8）：51-61.

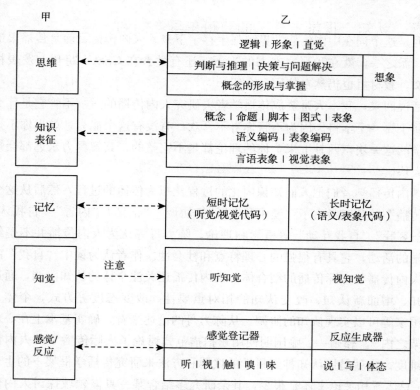

图 3-1　认知心理学视角的人类分层传播模式①

觉登记（视像记忆、声像记忆等）。第二层知觉层，知觉的过程是：感觉登记——感官接受外部刺激；模式识别——模板匹配、特征抽取等；知觉加工——自下而上或自上而下加工，并注意上下文关系。第三层记忆层，莫永华等认为记忆过程主要涉及存储过程与提取过程，应把编码（建构）过程剥离出来。第四层知识表征层，人脑中存在语义编码系统和表象编码系统两种主要表征系统，二者单独或复合编码形成知识的过程实现了从感性认识到理性认识的跨越。第五层思维层，思维是指人脑对客观事物的间接的、概括的反映及其过程，一般包括逻辑思维、形象思维、直觉思维三部分。该模式展示了人类信息加工的复杂性，以及认知心理学视角的优势和局限性。

①　莫永华，寇冬泉. 基于认知心理学的人类分层传播模式 [J]. 电化教育研究，2005（11）：38-41，46.

五、认知心理学方法下的禀赋差异与知沟

（一）人类认知系统特点与知沟

研究证明人类信息加工能力是有限的。人类的信息加工能力在感觉、登记、注意、记忆等方面都存在着一定限度，这是人类本身在学习上的主要障碍之一。可以说人的认知过程的每一阶段，在接受与操作信息方面都受到了人类加工信息的能力或容量的限制。从这个意义上说，由于每个人对信息加工处理的能力的限制，对知识的学习与吸收必然存在差异。

人是一个新旧图式整合、建构、重构而获得知识的系统。人类获得理解并存储新知识，都必须建立在新旧知识的有机联结上。由于每个人原有知识的差异，因此在各自的知识图式各不相同，而对新获得知识的整合建构必然也存在差异。同一知识在这个人身上可能是同化的过程，而在另外一个人身上则是顺化的过程；就算是在进行相同的整合建构，由于每个人既有图式的差异，也会造成知识掌握上的千差万别。

人是一个不断发展的监控认知系统。监控认知即元认知，是指个体具有"知道"与"使用"自己"知识与认知策略"的能力。从个体对外在刺激信息的认知加工过程，以及对客观事物提供的线索的依赖程度看，一部分个体在对信息即兴加工处理的时候，更容易受到整体知觉背景的干扰与影响，使他们在辨别具体知觉内容方面产生了比较大的困难，这类个体一般被称为场依存型个体。与之对应的场独立型认知风格的个体则较少地受到整体知觉背景的影响，对每一部分的具体知觉信息都能够进行较好的辨别。根据个体在认知加工过程中作出行为反应的速度和准确性，认知风格有冲动型和思考型两种。研究证明，这两种认知风格在认知活动与行为的反应速度和准确性方面各有优劣，而这些也必然会造成人与人之间的知识占有差异。

（二）人类知识建构特点与知沟

人类的知识是通过建构获得的。人本身是刺激信息加工和行为活动的积极的主体，人通过与周围环境的相互作用，从实际经验中抽取出规则，即"条件-行动"的结构形式，更多的相关规则组成规则系统。另外人获得的知识，有时要比提供给他们的知识要多，人会创造出许多新的知识，这也是人们知识差异的重要因素之一。知识被传播与交流，但是传播与交流的知识，只有在被另一个人重新建构以后，即得到理解和解释，与学习者头脑中已有的知识联系起

来之后，才能够在某种情况下掌握并加以运用，也只有在这种情况下，知识才是有用的，才称为知识获得。可见，知识的传播是一个困难重重的跋涉历程。

人类知识获得过程受先天和先前的制约。对有些人来说，某些知识是容易获得的，但另外一些知识则相反。知识的获得过程既受到个人先天倾向的影响，同时也受到个人原先所获得的知识的影响。

一个人的知识，很大程度上是通过参与这个领域的活动，并以其独特的活动方式逐渐获得的。一个人解决问题能力的高低，最为关键的决定因素并不是他们的一般能力，而是他们具有特定领域的特定知识和经验。只有通过参与了相关领域的活动过程，才能获得相关领域的知识，同时也只有在这种情况下，才能把相关的知识整合到自己的认知结构中。这一点就可以解释不同职业的人群的知识占有差异。

通过以上论述可以看出，人们之间的知识占有差异影响因素遍及知识认知、储存、提取、应用乃至反馈的每个过程。每个过程的差异都会影响到最终的知识占有，而既有的知识占有又在累积中影响着新知识的消化与吸收，是知识占有差异的重要因素。

必须承认，个人的禀赋及经后天锻炼习得的获取知识的能力，对人们之间的知识占有差异具有重要的影响。在上文认知心理学学者们的卓越研究中我们发现，相当多的认知差异不是来自社会经济地位，也不是来自个人认知动机或传播渠道等因素，而是决定于个人禀赋差异。

当然，禀赋差异背后也可能有社会经济地位的影响，这不能成为推翻社会经济地位论的充分条件。列举以上结论也只是为了使研究者注意到禀赋因素在知识占有差异形成过程中的重要作用。

六、生物学方法的局限与问题①

一是工具和手段相对于复杂的人脑信息加工构架仍然是粗糙的、浅层的，甚至有些结论也存在着一定的争议和矛盾。

二是技术的瞬时性与传播的历时性存在错位和矛盾。例如，认知神经科学的特长是探讨信息的微观瞬时加工，并不适合于具体阐释一切传播效果，它可

---

① 李彪，郑满宁.传播学与认知神经科学研究：工具、方法与应用［M］.北京：人民日报出版社，2013：183-188.

以为中长期传播效果的研究提供一些新的证据和视角，却不足以解释这些效果形成的种种复杂动因。

三是研究要求与成本较高。相关科学实验研究对实验设备、实验环境、被试选择、实验操作都具有极为具体的要求，需要研究者具有较高的专业技术和知识，此外，无论是脑电设备还是眼动设备动辄都是以几十万元计，因此在物质和精力方面，相关实验都会消耗研究者极大的成本。

四是存在较突出的科技伦理问题。2012 年年底美国康奈尔大学认知神经科学家们的一项研究表明，大脑扫描能够让研究人员精确知晓人们大脑想象的事物。这是首次研究解码显示人类大脑所想事物。这项创新技术是科学家使用大脑扫描直接将大脑中的信息译码成图像。如果这一技术使用，读脑术将会变成现实，这涉及个体的隐私问题。

此外还有范式转换的阻力与压力。生物学方法理论基础是科学主义，认为世界可以被认识，真相可以被掌握。而长于思辨的社会科学学者们则认为世界难以被真正认知，批判认知神经科学相关研究为技术至上主义，是抽离了社会情境的自娱自乐。

第二节　知识与行为考察：接受与知沟

一、知识的"易传播性"与知沟

罗杰斯提出知识自身的特性也影响了它的流动。他总结了五个容易流动的知识所具有的特征。

一是新知的相对优势。新的知识相比旧的知识，如果能带来经济、社会声望、方便性、满意度等方面的巨大提升，将有助于该知识扩散速度与深广度的提升。罗杰斯认为这里的"相对优势"是一种主观概念，它不一定是客观事实的恰切反映。

二是新知的"兼容性"。其指新的知识与目标受众的价值观、过往经验、需求的一致程度。也就是说，如果新的知识是在目标受众原有认知框架下的深化和拓展，则更容易被目标受众接受。如果新的知识挑战了目标受众已有的价值观念，则有可能会导致传播受阻。

扩散研究的鼻祖之一加布里埃尔·塔尔德（Gabriel Tarde）提出了"模仿定律"的概念，来解释"假如同时出现 100 种创新，包括文字方面的、神学传说方面的、生产工艺上的,为什么只有 10 种能扩散出去,而其他 90 种被遗忘了"。他在研究中提出了他的"模仿法则":当一项创新越接近已被接受的创新,它将越容易被大家采用①。

三是新知的复杂程度。其指一项新知识被使用或理解的难度。相对简单易用的新知识容易被更快地采用,而那些相对复杂的,需要学习某项技能后才能使用的创新则面临着更加艰难的传播环境。

四是新知试行的便捷性。其指一项新知在某些程度上可以被试用的可能性。罗杰斯认为那些可以被试验的新理念比那些看不见的理念要更容易被采用。那些更容易被检验的新理念,往往传播得更快。

五是新知的可见性。其指一项创新是否具备可观察性。越容易看到效果的创新,越容易被人们所采用。可见性也会促使同侪增加讨论该创新的可能,进而会进一步扩大该创新的传播。

最后,罗杰斯总结说,那些用户感觉有明显优势、可兼容的、可试的、可视的、不复杂的创新知识会扩散得比其他的创新快很多,尤其是前两个因素更为重要②。

罗杰斯是针对创新的扩散来论证的,但是创新的扩散本质就是知识的流动过程,相关考察内容可以无缝移植到知沟研究中。

当然,正如罗杰斯曾经在他的论文里提到的那样,"知沟"假说与创新扩散的一个很重要的区别就是,"知沟"假说中很少有加入"时间轴"——即使有历时性的考察,也多是切片性的、对比性的——时间不是重要的框架性因素。而创新扩散相关研究本质上就是基于时间轴的考察,这是两者非常重要的区别。

二、受众特性与知沟:选择性接触、KAP 差距

(一)选择性接触

关于受众特性与知识占有差异的一个代表理论是"选择性接触""选择性认知"理论。意即人们会有意无意地忽略那些与自己既有特质相冲突的信息,人们沟通的信息往往与个体的心态和理念一致。有研究者提出个人很少主动接

---

① 罗杰斯.创新的扩散 [M].5 版.唐兴通,郑常青,张延臣,译.北京:电子工业出版社,2016:44 – 45.

② 罗杰斯.创新的扩散 [M].5 版.唐兴通,郑常青,张延臣,译.北京:电子工业出版社,2016:17 – 19.

触一项创新——除非他们对该项创新有所需求。否则即使是他接触了该项创新，也不会影响到他行为或态度的改变。

有些人在某些领域面对新知时，他是被动的。尤其是在新知传播的早期过程中，主观上没有主动的意愿，客观上也没有主动的行动。有针对医生的研究发现，医生通过各种传播渠道获取新药知识时，通常不会主动寻求这类创新信息。只是到了自己需要使用这类信息时，才会变得更加活跃一点。

有些人在某些领域则相反。他们对新知的获取来自主动寻求，个人特质深深地影响了他们的沟通行为。

（二）认知、态度与实践差距

知识的接受是有层次的，学者们将其分为三类：认知、态度与实践。其中认知阶段是指接受者知道有这么一个信息，但是仅此而已，没有因此导致态度或行为的转变。态度阶段是指接受者不仅知道有这个信息，他还明确接受或者拒绝这个信息，引起了个人态度的变化，但是仅此而已，在行为上接受者没有做出相应的改变。实践阶段是指该信息不只引起了接受者态度改变，还引起或导致了他的行为改变。

进行这种接受度的区分很有必要。研究者在研究发展中国家的避孕计划时了解到，相关国家育龄人口往往大都知道避孕常识，并且具有乐意采用的心态，但是付诸行动的比例却比较低，仅有 15%～20% 的育龄人口采用了相关的避孕措施。研究者将此类差距称为 KAP 差距（KAP 指认知、态度、实践）[①]。

社会心理学者麦奎尔（William Mcguire）提出了一个效果层级模式，其修正版如表 3-1 所示。

表 3-1　效果层级与创新-决策过程的阶段[②]

创新-决策过程的各阶段	效果层级	行为改变阶段
一、认知阶段	1. 回顾有关信息 2. 理解信息 3. 能有效接受创新的知识与技巧	思考前期

---

① 罗杰斯. 创新的扩散［M］.5 版. 唐兴通，郑常青，张延臣，译. 北京：电子工业出版社，2016：182-183.

② 罗杰斯. 创新的扩散［M］.5 版. 唐兴通，郑常青，张延臣，译. 北京：电子工业出版社，2016：207.

（续）

创新-决策过程的各阶段	效果层级	行为改变阶段
	4. 喜欢这项创新	
	5. 与他人讨论这项创新	
二、说服阶段	6. 接受这项创新的相关信息	思考期
	7. 对创新信息形成正面看法	
	8. 从系统得到对创新行为的支持	
三、决策阶段	9. 企图寻求更多的创新信息	准备期
	10. 想去尝试这项创新	
四、执行阶段	11. 获得更多有关创新的信息	行动期
	12. 经常使用该创新	
	13. 继续使用该创新	
五、确认阶段	14. 认识到使用该创新的好处	维持期
	15. 使用创新成为日常生活一部分	
	16. 把该创新推介给其他人	

（三）其他受众特性

创新扩散研究总结了个体与创新性相关的几个重要特征。

一是社会经济地位。研究者发现早期采用者一般比后期采用者的社会地位要高，具有更强的向上的社会流动性。研究者认为这很好理解，因为实施创新方案要支出大量的资金，成本很高，只有那些富有的个体才有足够的财力物力来接受创新，同时他们也将因创新获取最大的利润。但是研究者也指出经济因素并不能完全解释创新行为，例如，大多数农业创新先驱者很富裕，但也有很多富裕的农场主厌恶创新，不是先驱者。

二是个性及价值观。研究者发现早期采用者与后期采用者相比，具有更强的移情能力，教条主义倾向较少，具有更强的抽象思维能力和更强的推理能力，甚至有更高的“智商”，更相信科学。而后期采用者往往更多地持有宿命论的观点。

三是沟通行为方式。早期采用者会更广泛地参与社会活动，更多地开展异质化的观察与社交，与本地的系统保持一定距离，不会盲目受到所在团体的取向左右①。

三、知识的再造与知沟

在知识的传播过程中，知识在不断地改变和演化。

这种改变和演化一度被认为是知识传播的异常和噪声，但很快学者们认为知识传播过程中的改变和演化不可避免，大量的实证研究证明了这一点。对一项由美国国家传播网络（National Diffusion Network）推广的教育创新计划所进行的全国性调查显示，有 56％的学校仅选择性地执行了部分创新，其中20％的学校做出了重大修改或修正。对 111 项科学仪器领域创新的调查显示，80％的创新过程由早期使用者主导，他们制造出原型并改进到基本完善，然后再转给制造商生产销售。加州某个精神健康机构研究了 104 个采纳创新的案例，他们发现"再发明"发生的比例（55 个案例）高于没有改动、全盘接纳创新的比例（49 个案例）。因此，传播研究者认为许多创新采用者都会在创新执行阶段出现再发明行为。

产生再发明的原因有以下几点。第一，再发明的对象更倾向于相对复杂和不易理解的创新，再发明的目的是简化创新或者解释其中难以理解的部分。第二，再发明的出现可能是因为采用者对创新缺乏足够的了解，比如采用者和创新推广人员之间，或采用者与以前的采用者之间很少有直接接触。第三，如果创新是一种抽象概念创新，或是一种可以多应用的工具，那它就更容易被再发明。第四，当一项创新的应用是为了解决使用者范围较广的各类问题时，再发明就更有可能发生。因为每个人或组织想解决的问题不同，从而会影响个人使用创新的方式。第五，把创新据为己有的"偏狭的自傲"也可能是再发明的一个原因。一位观察者认为"创新就像一把牙刷，任何人都不喜欢借用别人的"。第六，也可能是由于创新推广人员鼓励其客户对原始创新做出修正或调整。第七，创新在适应团体组织的架构时，也会出现再发明。第八，再发明可能经常发生在创新扩散过程中较后面的阶段，往往较晚的采用者会从较早采用者的成败中吸取经验，并对原创新做出适当的修正②。

---

① 罗杰斯．创新的扩散［M］．5 版．唐兴通，郑常青，张延臣，译．北京：电子工业出版社，2016：306－316.

② 罗杰斯．创新的扩散［M］．5 版．唐兴通，郑常青，张延臣，译．北京：电子工业出版社，2016：187－196.

对知识接受过程中的再造考察，可以让我们更生动地意识到知识是一个变动不居的事物，它具有相对性和阶段性的特征。

第三节　传播学方法：传播环境的知沟考察

一、人际传播：注意关键节点

作为传播活动的基础，人际传播有个人和社会的两个方面的功能。从个人角度来说，人际传播有助于实现自我认知、建立和谐关系、认识与控制环境、交流人生经验，实现信息沟通、满足情感需要；从社会的角度看，人际传播有助于传递社会文化遗产、推动社会进步。

根据王怡红的研究，自20世纪改革开放以来，"人际传播"概念传入大陆，但之后使用的汉译名并不统一，对该语词概念的理解也存有差异。社会心理学、社会学和哲学领域较多使用"人际交往"，管理学则较多使用"人际沟通"。"人际交流"或"人际沟通"则更多出现在跨文化的语言交际和医患关系沟通的研究中。人际传播研究的历史也主要以心理学为开端。因为理解传播、交往、交流或沟通的行为需要运用心理学的描述，这构成了人际传播研究的科学基础。当然人际传播不仅有心理的意识存在，更具有被传播研究和运用传播建构关系交往、沟通和交流的特质[①]。

刘蒙之总结了人际传播研究的八种代表性理论[②]。

一是情境视角下的人际传播理论，代表性理论有传播适应理论和社会比较理论。传播适应理论着重研究发生在人们之间传播的特定背景，研究交往中人们彼此影响的方式。社会比较理论认为团体中的个体具有将自己与他人进行比较，以确定自我价值的心理倾向。

二是能力视角下的人际传播理论，代表性理论有传播能力理论和建构主义理论。传播能力理论认为一个好的沟通需要具备三种能力：认识到什么样的传播行为是恰如其分的，拥有实现恰当传播行为的能力，怀有用有效和恰当的方式进行沟通的愿望。建构主义的人际传播理论认为：那些对于认知他人有综合能力的人，拥有实现积极的传播效果的复杂能力。那些善于在特定情境中操控

---

① 王怡红. 论"人际传播"的定名与定义问题［J］. 新闻与传播研究，2015（7）：112-125.
② 刘蒙之. 美国的人际传播研究及代表性理论［J］. 国际新闻界，2009（3）：123-128.

信息的人比那些不善于这样做的人在人际传播上将会更加成功。

三是关系视角下的人际传播理论，该视角强调人际传播是一种人与人之间的信息关系。该视角下有代表性的人际传播理论有人际传播的语用理论、期望违背理论、人际欺骗理论等。

四是过程视角下的人际传播理论，认为关系总是处在某种特定的过程中，过程是关系的存在状态，其代表性理论有社会渗透理论、关系发展理论和不确定减少理论等。

五是规则视角下的人际传播理论。该理论认为人际传播都是因循一定的规则进行的，意义建构的过程取决有特定和具体的情境和背景，传播是一种协调，一种对个人行为在规则下的行动意义的协调。

六是功能视角下的人际传播理论，有社会交换理论和基本人际关系导向理论。社会交换理论认为任何动物都有寻求奖赏、快乐并尽可能少付出代价的倾向，在社会互动过程中，人们希望能够以最小的代价来获得最大的收益。基本人际关系导向理论认为人们之所以进行社会交往和传播是为了满足包容需要、支配需要和情感需要。

七是文化视角下的人际传播理论，代表性理论有角色理论和礼貌理论。角色理论认为我们大多数的日常活动是为了实现自己的社会角色或者他人的期望，角色是人们的一整套权利、义务的规范和行为模式，是社会群体或社会组织的基础。社会角色是一个人在特定的情境下的普遍的权利和义务。礼貌理论的核心概念是面子威胁行为，该理论认为人都有想保持被他人理解、称赞的积极面和不想被他人打扰的消极面的两面性的需求，威胁到这个两面性的行为叫作面子威胁行为。面子威胁行为是说话人与听话人的权力关系、说话人与听话人的社会距离以及所涉及行为的强迫程度三者的综合。

八是心理视角下的人际传播理论，代表理论有想象的互动理论和社会判断理论。想象的互动理论认为通过想象的互动行为，人们想象自己为了各种目的同重要的他人进行谈话。社会判断理论试图去解释说服性讯息在什么样的情况下最有可能成功，在什么样的情形下会发生态度改变，并且试图预测态度改变的方向和内容等。

综上可见，学界对人际传播的研究主要集中于人际传播的信息交流机制、人际沟通与关系协调、人际传播的社会性三个方面。人际传播的效果研究，多注重于人际关系协调人际沟通，对人际传播造成的知识占有差异的研究，仅在创新扩散等领域有少量涉及。研究成果集中体现在以下理论中：符号互动论、"社会模仿"理论、"两级传播"理论、创新扩散理论、"约哈瑞窗口"、认知一致性理论、人际需要的三维理论、社会交换理论、奥斯古德的调和理论、关于判断的理论、人际关系的管理理论等。

（一）符号互动论与"约哈瑞窗口"

符号互动论又称"象征相互作用论"或"符号互动主义"，该理论认为人对事物所采取的行动是以这些事物对人的意义为基础的，这些事物的意义来源于个体与其同伴的互动，当个体在应付他所遇到的事物时，他通过自己的解释去运用和修改这些意义。

在互动中的意义交换有一个前提，就是交换的双方必须有共通的意义空间（图3-2）：要么是传播中使用的语言、文字等符号含义的共通的理解，要么是大体一致或接近的生活经验和文化背景。由于社会生活的多样性，每个社会成员的意义空间不可能完全重合，意义的交换或互动只能是通过共通的部分来进行，这也表明人与人之间的知识占有差异是与生俱来的，虽然通过良好的交流和互动，可以不断扩大双方的共有的知识范围，但是永远也无法达到差异消失的程度。

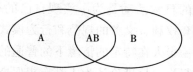

图3-2 传播双方的意义空间示意

该理论与"约哈瑞窗口"有异曲同工之处。1955年美国心理学者约瑟夫·卢夫特和哈瑞·英汉姆提出了分析人际关系和传播的"约哈瑞窗口"理论。他们用自己了解的信息、自己不了解的信息、别人了解的信息、别人不了解的信息四个方格，来说明人际传播中信息流动的地带和状况。左上方格称为"开放区"，这里传播各方的"我"均认为可以公开的信息都集中在这个方格内，包含了自己知道别人也知道的信息；右上方格称为"盲目区"，即别人感受得到而自我感受不到的有关自我的信息；左下方格称为"秘密区"，传播各方不愿意公开的信息都包含在这里面；右下方格称为"未知区"，传播各方都不知晓的信息置于这个方格中，即为自己不知道别人也不知道的区域。通过交流，双方都可能会获得部分盲区的知识，也暴露部分隐蔽区域的信息，同时在未知区会有新的信息生成（图 3-3）。

	自己了解的信息	自己不了解的信息
别人了解的信息	透明窗格（开放区域）	不透明窗格（盲目区域）
别人不了解的信息	隐蔽窗格（秘密区域）	未知窗格（未知区域）

图 3-3 "约哈瑞窗口"

　　该理论是用来讨论人际传播的自我认知的，不过显然它也完全适用于人与人之间的知识占有差异探讨。每个人掌握的信息都不过是众多信息中的一小部分，要获得信息就必须与外界进行接触——只有通过对外界信息的吸收、与别人的知识进行互动交流与互换，才能扩大自己的知识面，掌握更多的知识。然而大千世界，知识何其丰富，无论个人如何努力，所掌握的知识总不过是沧海一粟，因此知识占有差异天生具有不可完全弥补性。

（二）"两级传播"现象

　　1940 年美国总统大选期间，拉扎斯菲尔德等围绕大众传播的竞选宣传对选民投票意向的影响做了一项实证调查，并于 1944 年将研究成果出版，即《人民的选择》。在该研究中作者发现了"两级传播"现象，认为大众传播的信息流动是先经过意见领袖，之后才由意见领袖流向一般受众。之后，1955 年他们又出版了《人际影响》一书，对意见领袖现象进行了确证研究。

　　研究者在访问中发现有一种影响人们投票决定的力量在最初的研究计划中没有给予足够的重视——人们直接从其他人那里获得了大量的信息，并受到了直接的影响！不管何时，只要受访者汇报他们最近接触政治传播的情况，他们总会提到与朋友、亲属和熟人讨论问题，这要比听收音机看报纸杂志频繁得多。面对面讨论所产生的政治影响，要比调查者预想的重要很多。

　　为了进一步追踪该现象，研究者开始了新一轮的研究——"凯迪特研究"。在研究中，他们追踪了意见提供者的年龄、社会经济地位、社会联系等三个重要维度，来作为描述和分析个人影响在所研究的话题上的作用。研究发现家庭中责任最大并且拥有日常购物经验更多的是大家庭的主妇，她们是大部分消费方面意见的提供者。家庭中责任最大可证明其拥有获取相关知识的相对强烈的动机，拥有更多日常购物经验的特征证明其相关社会交往相对更频繁和深入，因此，她们才有成为意见领袖的资质，换句话说，她们因此而获得了较其他人更多的相关领域的知识。该研究表明，个人动机和相关社会交往的广度和深度是形成知识占有差异的原因之一。

在考察合群性与消费之间的关系时，研究者发现，社会联系越多的妇女就越可能影响别人的消费。在高合群性的人中，有 33％的人为他人提供过消费建议；而合群性中等和较低的人中，这一比例分别是 25％和 13％。这些差异具有统计显著性，它们清楚地表明了合群性与消费领导之间的关系。也进一步雄辩地证明了社会交往的广度与深度在造成人与人之间知识差异方面产生的重要影响。

在考察社会地位和消费领导之间的关系时，研究者改变了人们的一个刻板印象。研究者认为社会经济地位与时尚影响力之间存在着一定的正相关，但是时尚方面的意见并不集中于社会上层。他们的研究证明了该论断，处于社会中层的妇女中，意见领袖的数量与上层差不多；社会地位较低的妇女在传播时尚意见上则作用较小。这个结论证明，社会经济地位会影响到人们相关的知识摄取，但不是决定性的因素。虽然在研究中社会经济地位较低的妇女在传播时尚意见方面与上层妇女有较大差距，作者认为这更应该是由社会交往的广度与深度决定而非由社会经济地位决定。

(三) 观念领导者与追随者

在《创新的扩散》中，埃弗雷特·罗杰斯（图 3 - 4）认为观念领导者在以下七个方面与其追随者之间有不同：

一是外界沟通。研究证明，观念领导者比追随者有更广阔的渠道接触大众媒体；观念领导者比追随者具有更开阔的眼光和世界观；相对于追随者而言，观念领导者与创新代理人有更多的来往。

二是易接近性。研究发现，与追随者相比，观念领导者更为积极活跃地参与社会活动。观念领导者要扩散创新的信息，他必须与追随者建立广泛的人际关系。在社会系统内，他们必须是容易接近的人物。

三是社会经济地位。追随者总是倾向于效仿社会地位比较高的观念领导者；而与追随者相比，观念领导者所处的社会经济地位要高。

四是创新精神。观念领导者比追随者更具创新精神。

五是创新性、观念领导和系统规范。如果社会系统的整体规范有利于创新，那么观念领导者会具有很强的创新精神；如果社会系统的整体规范不利于创新，那么观念领导者的创新精神就不会太强。观念领导者高度遵守社会规范是一个普遍存在的现象，而且多数情况下观念领导者只比他们的追随者稍具创新精神而已。

六是扩散网络。在决定是否采

图 3-4　埃弗雷特·罗杰斯

纳某项创新的决策过程中，个体往往很注重那些与自己很相似，并且已经采纳了该创新人的同辈人士的经验和感受。传播网络由一些内部相互关联的个体组成并具有一定的结构和稳定性，在创新的扩散中发挥着举足轻重的作用。弱势链优势理论证明社会交往的异质化对个人信息占有具有极为重要的作用。"谁与谁在网络中连接"的研究证明同质性交往要多于异质性交往。

七是交互式创新采纳中的临界大多数。交互式创新的采纳过程有一个显著特征就是临界大多数，就是指这些创新的扩散过程中，已有足够的个体采纳了该创新，从而该创新的进一步扩散显得相对稳定，有一种自我维持的能力。在到达临界大多数之前之所以有人采纳创新是因为在同一系统中不同人的采纳门槛不同，先期采用者更具创新精神。

从观念领导者的七种特点中可以发现，其中至少有三个直接指涉社会交往的深度和广度，依次为外界沟通、易接近性和扩散网络。那些社会交往范围较宽阔、人际扩散网络更广大的个体往往知识占有较多。足以证明社会交往的异质化程度是决定个人知识占有的重要因素之一。

第三点社会经济地位的认定，个人认为本质还是社会交往深度与广度的另一种表述方式。观念领导者由于社会交往的异质化程度较高（即社会交往较深较广）、知识占有较丰富，会有更多的机会跻身社会上层，这就造成了这种观念领导者往往来自上层的认知误区。由上文对观念领导者的分析可知，观念领导者广泛存在于社会各个阶层，并不仅仅是社会上层。另外，由于传播学的社会学渊源，传播学者在进行传播学的实证研究时，习惯于把社会经济地位作为一个重要的考量变量，而社会经济地位在很多时候也不负他们的期望，在很多方面正好证实了他们的设想。但这种假设正如上文论述的那样，也不过是刻板印象的另一种表现形式而已。

二、群体传播：介于人际与组织之间[①]

（一）群体与观念领导者

隋岩认为，群体传播是长久以来固有的一种社会传播形态，有"缘由"和"空间"两个必要条件。群体传播的非制度化、非中心化、缺乏管理主体性、自发性、平等性、交互性，尤其是信源不确定性及由此引发的集合行为中的群体盲从性、群体感染性，成为其区别于其他传播形态的凸显特征。在信息时代，低成本、高效率的群体传播重构了人们的社会网络关系，改变了社会资源配置，改变了人们的日常生活行为方式，构建了全新的社会资本关系，使社交媒体成为除家族继承、政府分配、市场竞争之外新的、重要的资源配置方式。

研究发现，当一群同质性的人一起讨论问题时，人们就会变得更加极端。当大家都所知不多而立场相同时，即使没有来自真正专业人士的可靠支持，群体内成员之间亦会彼此取暖，让每个人都觉得他们的观点正当合理、使命清晰明确。人人相互合理化彼此的意见，好比身处一个装满镜子的房间[②]。

在创新扩散研究中，这种群体之间的差异被归纳为"阶层"和"观念领导者"的原因。其中一个代表案例就是"秘鲁小村落的烧开水计划：失败的扩散"。

秘鲁公共健康组织曾试图向该国部分地区的村民推广一项创新方案以改善他们的健康状况，从而延长村民的人均寿命，其中包括饮用开水。这是一项非常重要的行为变革，因为很多村民复发的传染病都是饮用了不洁净的生水导致的。

---

① 隋岩. 群体传播时代：信息生产方式的变革与影响 [J]. 中国社会科学，2018（11）：114 - 134，204 - 205.

② 史蒂文·斯洛曼，菲利普·费恩巴赫. 知识的错觉：为什么我们从未独立思考 [M]. 祝常悦，译. 北京：中信出版集团，2018：175 - 193.

在一个叫洛莫林的小村庄里，当地义工内丽达负责劝说全村的家庭主妇把烧开水作为日常的生活习惯，但是 2 年过去了，她仅仅说服了 11 个家庭主妇接受这样的生活方式——其中还包括原来就喝开水的几户人家，研究者判断这是一个失败的扩散。

研究认为推广失败的重要原因是选错了对象。在这个小村庄里的观念领导者被内丽达忽略，而接受她理念的几位主妇中，更多是当地社区的边缘人物，而边缘人物的采用可能阻碍了更多人的接纳。因此研究者认为"创新的扩散不仅仅是个技术活，还是一个社会化的过程"。研究者认为，"和推广人员有着相似背景的人更容易接受创新，而那些希望从推广人员处获得帮助的人则不容易接受创新的观念"①。

一个相反结果的案例似乎可以更加佐证这一点。我们知道电动汽车在西方很早就出现，而且反复出现。但是在发展中，电动汽车反复地败给了内燃机汽车。在我写这本书的当下，当代中国出现了汽车发展史上从未出现的奇观，电动汽车不断地攻城略地，而传统燃油车节节败退，几乎要退出了人们的选择视野。为什么会是这样的情况呢？这与中国特殊的产业政策、特别的生活环境、信息化革命的深入发展都有密切关系，但是不容忽视的一点是，电动汽车较早地获得了高净值人士的青睐是重要原因之一。中国的电动汽车生产厂商没有从低端开始做起，而是直接瞄准了高端用户，用较高的市场售价，特别的"大屏、冰箱、沙发"配置吸引了富人的目光，成功切下一块分量十足的蛋糕。富人们对电动汽车的青睐，带动了电动汽车的销售，为电动汽车的普及推广做出了较大贡献。

因此，我们似乎可以得出一个结论，社会经济地位较高的群体掌握着流行的风尚和知识的流动，只有得到了他们的认可，事物才能推广普及开来。否则，一项创新就有可能退出传播扩散的舞台。

当然不是。

群体中信息的传播，观念领导者的地位和作用非常关键，虽然观念领导者往往是那些社会经济地位较高的人所承担，但并不能反推过来说社会经济地位较高是成为观念领导者的必然条件。观念领导者之所以能够成为观念领导者，

---

① 罗杰斯. 创新的扩散 [M]. 5 版. 唐兴通，郑长青，张延臣，译. 北京：电子工业出版社，2016：5-7.

与其较复杂的社会交往、较聪慧的天赋条件关系更加密切，社会经济地位较高只不过是复杂社会交往和优质天赋的结果而非原因。因此，归结到"社会经济地位"是找错了对象。

从知识占有差异来看，在群体内部，群体传播是弥合知沟的最快途径。但是在群体外部，群体传播反而会是扩大群体内与群体外人群知沟的"罪魁祸首"。

（二）群体与异质化社会交往

在这里，我们可以引入"异质化社会交往"的概念。

群体（还有组织）的聚集，往往引自某一共同的属性，这些属性可能是爱好、信仰、教育背景、社会经济地位等。人们更愿意与"同质"的人交往，因为"同志"的关系，双方能够获得更多的共鸣和认同，这类交往能够分泌更多的快乐物质刺激大脑和神经。因此信息在这样的群体（还有组织）中传播速度是极快的，换句话说，既往研究也反复证明，同质化社区里知沟更少。

然而，同质化社区也是新信息传播的重要障碍，因为对群体内部人士来说，在充分掌握了群体内信息之后，更有价值的信息往往来自群体之外，这就需要跨群体的异质化社会交往。这是一个艰难的挑战，但也是获取新知的必由之径。

科研人员会更赞同这一点。人们常说"跨界出新知"，跨群体和学科的交流往往能带来全新的视角、方法和观点，进而丰富和发展原来群体的认知。

从知识传播的角度看，"异质化社会交往"与"弱链接"是同义词。

社会关系"链接"的强弱主要通过互动交流的频度和深度来考量。那些互动交流更多、内容更深入和广泛的社会关系可以称之为"强链接"。反之，通过那种若有若无的链接，较低强度的交往，可称之为"弱链接"。

具有"强链接"特征的社会关系往往知沟差异更小。这一点很容易理解，高频率和深入的互动交流本身就是缩小知沟的一种活动。人际关系的"弱链接"往往意味着群体的"异质化"或者地理空间的"远距离"，这种隔阂和疏离是知沟产生的温床。

（三）群体内的人际传播

群体内的人际传播似乎可以划入"人际传播"范畴，但是在群体内又呈现出其自身特点。因为归属于一个群体的人群往往有默认的共同属性，这些共同属性使他们在考察对方交流的信息时预设了一个共同的前提，这个前提使即使不具备观念领导者条件的人也拥有了观念领导者才拥有的号召力与传播效果。

从四环素的创新扩散过程我们可以很明显地发现这一点。

四环素被认为是一种"神奇"的抗生素，由于其副作用相当小的特点，迅速被医学界认知、接受和扩散开来。研究发现，在推出后 2 个月内已有 15％ 的医生采用，4 个月后则增加到 50％，17 个月后所有医生处方上的抗生素都是四环素。

考察医生的认知过程可以发现，80％的医生最初是从药品企业那里接触四环素的（57％来自药商零售人员，18％是药厂广告信函，4％是药局期刊，1％是医学期刊广告）。但是这并不是医生采纳该药品的关键，因为医生们普遍认为药品企业的可信度不高——虽然药品企业在推出新药物之前，已经完成和通过了一系列的实验①。

促使医生采纳该药物的关键信源来自同侪的使用效果。来自同行们的使用结果改变了医生的看法，而这些使用结果并不一定是由观念领导者亲测的，后来的采纳者基于医生群体共同的职业操守，默认同行医生的试用可以减少自己试用的不确定性，他们对共同群体的信任程度超过了以营利为目的的企业，呈现了人人都是观念领导者的现象。

三、组织传播：硬币的两面②

本研究把正规教育和各类团体、企业之内的知识传播都归类为组织传播，它与群体传播的区别就在于是否有"组织"。组织是指一群为了共同目标而一起工作的人所组成的一个稳定的团体，在其中有一定的等级和分工。

（一）"阶层复制"神话

上海纽约大学社会学助理教授姜以琳在她的著作 *Study Gods：How the New Chinese Elite Prepare for Global Competition*（繁体版中文译名为《学神：中国菁英教育现场一手观察》）中，试图证明在正规教育中，"阶层"是如何被复制的。在她精心挑选的案例中（在首都北京排名前十的中学里，挑选了

① 罗杰斯．创新的扩散［M］．5 版．唐兴通，郑长青，张延臣，译．北京：电子工业出版社，2016：210-212．

② 张红娟，谢思东，林润辉．网络创新过程中的知识流动与传播：基于信息空间理论的分析［J］．科学管理研究，2011，29（1）：21-26．

27 位学习"不费吹灰之力"的"学神"),在精英家庭和精英教育的双重保障下,精英的社会地位得以完成代际传承①。

从传播学角度解读这本书,其实它的思考框架与"知沟"假说并无二致。"知沟"假说认为大众传播导致了不同社会阶层人群之间的知识差距增大。这本书认为组织传播(正规教育)与大众传播一样,在阶层的维持上起到了重要作用。这本书为了证明自己的观点,选取了非常极端的案例:精英家庭+精英教育,经筛选后留存的精英人群的后代在经筛选后留存的精英教育场所开展的精英复制实践。因此,这些案例毫不例外地证明了作者预设的观点。而且,这本书也迎合了西方人对中国人当下的疑惧心理,因此在西方引起了一定的反响。国内也有不少学者在推这本书。

实际上,这本书雄辩地证明了组织传播在知识传播中具有重要作用。它可以导致"知沟扩大",但也可以用来"弥合知沟",这取决于我们拿它来做什么。

中华人民共和国成立之后,建设了各级各类的教育系统,花了大气力开展知识的普及和推广,取得了举世瞩目的成就,为后来的经济腾飞打下了坚实基础,这正是知沟弥合实践的优秀做法和成果。该书仅选取部分精英阶层的精英子女群体进行研究,其宏观思路逻辑是经不起推敲的。

(二)显性知识和隐性知识

知识管理中有两个重要的概念,一个是客观知识,一个是主观知识,前者被定义为显性知识,后者被定义为隐性知识。显性知识可以用系统的语言正式传播,具有形式化和可迁移性的特征。隐性知识与实践有关,是个人的、具体情况具体分析的、难以形式化和交流的知识,由个人背景和生活经验决定,独一无二,难以传递。除非通过为他人重现产生知识的经历,这样获得的知识才会与众不同。因此,隐性知识是自学的结果。显性知识可以是自学隐性知识的结果,也可以是知识转移的结果②。

隐性知识的获得却只能依靠自身的体验和感悟,因此隐性知识的流动更困

① CHIANG Y - L. Study gods:how the new Chinese elite prepare for global competition [M]. Princeton:Princeton University Press,2022.

② IIES P, YOLLES M. Across the great divide:HRD, technology translation, and knowledge migration in bridging the knowledge gap between SMEs and universities [J]. Human resource development international,2002(1):23-53.

难。分工与专业化促进了隐性知识的形成。可以追溯到信息论的，影响知识流动的三大难题是知识的可扩散性、可解读性和实效性。只有那些编码水平高、可解读性强以及更有用的知识才能获得更迅速的传播。

组织是隐性知识创设和传播的重要场所。在组织中，由于领域及领导者特点等原因，会产生各种各样的组织文化，这里是隐性知识大量产生的区域。限于个体禀赋及社交频度与深度的差异，隐性知识的传播尤其困难。

（三）知识创生主体变化及影响因素

在信息时代，创新的主体已经从个人转向团队、从企业转向网络。组织间通过合作可以有效促进知识流动，实现知识共享，加快知识的积累和能力的提升，达到个体和整体的最优。

此时信息需要更加高效的传递模式。一是扩散者与接收者之间同质化的程度，同质化程度越高，传播效果越好。地理临近、相似的知识背景、相同的文化背景，以及伴随着信息和知识流动的频繁的人际交往和业务往来，使得在技术扩散过程中扩散者与接收者之间更容易相互理解。二是传播渠道的密度，关系网络中密集的信息通道为信息的重复、强化、纠正提供了便利。三是信息反馈修正机制，即时的交流互动，可以使信息传递更为准确，减少信息的流失。

因此组织传播是组织内部弥合知沟的有力武器，也是造成组织内外知沟扩大的首要因素。

四、大众传播：知识的裂变扩散

知识自产生之后，就不停地在进行着更新和传播。从知识创生及扩散的源头考察，海量的大众传播理论都证明，知识的传播必然是分层、分段、分程度的裂变式的传播。

（一）"把关人"理论

该概念首次出现在1947年美国心理学家、传播学家卢因的文章，该文通过女主人食材的选择推导出把关人的概念。1950年怀特发表《把关人：对新闻选择的研究》，将把关人概念引入新闻传播领域。此后先后出现"新闻流动模式""选择性把关理论""双重把关人模式"等框架。1991年休梅克在《把关行为》中将影响把关的因素扩充到社会系统中，将其划分为五个层次：个人、媒介工作、组织内、媒介外组织及社会系统把关①。

新媒体的出现一度给人以错觉，认为把关现象可能要弱化。但很快人们就发现这个想法的幼稚，大数据、算法等将把关推向了前所未有的高峰。因此，这一古老的理论又焕发生机。研究者们重拾把关理论，并试图找到能与新把关模式嵌套的新表述。

2019 年休梅克认为存在社交媒体的超级把关系统和大众媒体的把关系统两种把关系统，两个系统间存在各种互动。她认为把关的本质是决策，把关始终存在，只是主体可能发生变化，"人人都可能是信息把关人"②。

把关是造成知识占有差异的重要因素。

（二）"议程设置"理论③

1968 年，美国北卡罗来纳大学传播学者马克斯韦尔·麦库姆斯（Maxwell McCombs）和唐纳德·肖（Donald Shaw）通过调查发现大众媒介议题的显著性程度对公众议程具有重要的影响，1972 年麦库姆斯和肖发表论文《大众媒体的议程设置功能》，标志着"议程设置"概念和理论框架正式形成。

面对信息时代的新挑战，郭蕾和麦库姆斯等学者借鉴了网络分析的理论框架，提出了网络议程设置理论（或称 NAS 理论），认为影响公众的是一系列议题所组成的认知网络，新闻媒体不仅告诉我们"想什么"或者"怎么想"，还决定了我们如何将不同的信息碎片联系起来，从而构建出对社会现实的认知和判断。

议程设置理论证明，大众传播一方面是知沟弥合的功臣，另一方面也是知沟扩大的祸首。

五、小结：知沟及其弥合的渠道因素考察

综合以上考察，传播渠道一方面有助于知沟的弥合，另一方面也会导致知沟的扩大，具体哪个功用会发挥主要作用，则取决于知识的领域和传受双方自

---

① 齐小美.把关人理论视角下受众认知对新闻"洗稿"规制的影响［D］.北京：北京外国语大学，2021：12 - 14.

② 白红义.媒介社会学中的"把关"：一个经典理论的形成、演化与再造［J］.南京社会科学，2020（1）：106 - 115.

③ 史安斌，王沛楠.议程设置理论与研究 50 年：溯源·演进·前景［J］.新闻与传播研究，2017（10）：13 - 28.

身的特质——这让我们再次意识到，考察知沟现象不能脱离知识的领域和传播的对象，否则其弥合理论将陷入矛盾的状态。扩大和缩小这两个矛盾的功用融洽地聚集在渠道身上，也使其工具色彩愈加浓厚。

如果我们仔细分析各渠道的异同，还是会有一些新发现，例如，在现代社会，不同的传播渠道可能扮演着不同的角色。

创新扩散研究认为，现代社会中，在创新传播的早期认知阶段，大众传播发挥着主要的作用。它们将信息快速传递给众多的对象并一定程度上改变或强化着受众的成见。但是强硬观念的形成和改变，往往是通过人际传播实现的，因为人际传播提供信息交流的双向沟通，有助于个人克服选择性接触、选择性认知和选择性记忆（遗忘）等心理层面的障碍。而组织及群体传播，则发挥着介于两者之间的作用。

从接受者角度来看，大众传播渠道对早期采用者的影响作用更大。后期采用者决定采用创新时，由于人际沟通渠道可以提供大量鲜活信息，以抵消大众传播渠道的不确定性，因此人际沟通渠道可能在后期发挥更重要的作用。

我们几乎能理解一切，却无法理解自己如何理解！

——阿尔伯特·爱因斯坦

第 四 章
立场：知沟弥合的理论与实践

第一节　立场的出场与退场

一、人本立场：想要弥合的是"知沟"还是"阶层"

本书作者 10 多年以前曾将对"知沟"假说的反思与拓展作为自己的毕业论文主题。在答辩的时候，答辩委员会的专家提出了一个批评意见，"这么写可能也消解了'知沟'假说的批判意义"。当时我并没有听懂这句话，甚至还在心里暗暗反驳，认为真相面前批判意义似乎没有那么重要，真相才应该是我们唯一的指引。

10 多年后我理解了专家话中的意义。他说的"批判意义"指的不是经典"知沟"研究团队的批判立场，他指的其实是"知沟"假说提出者"悲天悯人的情怀"。

"知沟"假说是有温度的！我前面洋洋洒洒、扬扬自得地讲了一大通正确的废话，其中缺少的正是人本的温度。

更明确一点说，"弥合知沟"才是促使经典"知沟"假说研究团队开展

"知沟"假说研究的出发点和落脚点，而并不仅仅是"对真相的追寻"。

经典"知沟"假说研究团队在创始论文的结尾忧心忡忡地说："遍及全社会的巨大知识差异的产生，其本身就具有深刻的社会影响，而且可能在未来的社会变迁中构成一个关键因素。"这展示了经典"知沟"假说研究团队的敏锐洞察。

经典"知沟"假说落脚在"社会经济地位论"，敦请公众关注知识占有的鸿沟，他们不是在哗众取宠，他们是期望能发现解决这个问题的方式方法。

表面上一代又一代的研究者想要弥合"知沟"，但实际上他们潜意识里想要弥合的——可能是"阶层"！"知识"的均等传播并不是驱动他们开展研究的底层动机，他们真正的动机是希望通过知识的传播完成阶层的弥合。更进一步，是希望通过知识的传播完成物质、信息、能量的理想化分配。

这里要注意，西方社会学的"阶层分析"方法与马克思主义的"阶级分析"方法是两个概念，这是两种完全不同的分析方法。西方社会学特别规避了"阶级"的提法，转而强调"社会分工"。"阶层分析"方法强调各阶层的协作、均衡和稳定，是承认阶层存在基础上的分析和解决框架，它起源于孔德、涂尔干、马克斯·韦伯。"阶级分析"方法强调斗争和冲突，强调阶级之间的矛盾斗争推动社会的演进，是马克思、恩格斯创立和发展的分析方法。当然马克思主义经典作家在其作品中并没有严格区分"阶级"和"阶层"——很大程度上马克思和恩格斯是在混用这两个概念。后来的研究者依据重心和取向的不同，给这两个词以语义上的区分。

"知沟"研究者在追索知识差距的道路上，是秉持着人本主义的立场的。人本主义的立场使"知沟"假说的研究从一开始就没有建立在全面审视基础上。团队沿袭了社会学的研究方法，总是在社会"分层""分工"的方向上打转，选择性无视了先天的生物性因素和后天非分层的环境因素，导致了理论在解释实践过程中的乏力和失血。

在《大众媒介信息流通与知识增长差异》一文的第一段，经典"知沟"假说研究团队就强调："由于社会总系统中的某些次系统具有适合变革的行为模式和价值观，因此，在开始变革的次系统与对变革的反应较为迟钝、缓慢的次系统之间，往往会出现鸿沟。"很自然地，他们就得出了第三段的假设：随着大众传媒向社会传播的信息日益增长，社会经济地位高的人将比社会经济地位低的人以更快的速度获取信息，因此，这两类人之间的"知沟"将呈扩大而非缩小之势。

然而，"社会经济地位论"并不能囊括所有的情况，当研究者们希望将该假说进一步拓展以发掘其应用价值时，就会尴尬地发现现实与理论存在着诸多相冲突的地方。

在科学研究中秉持立场，好处是可以让科研有比较明确的方向，但缺陷是可能会影响科研成果的普适性。

要解决以上问题，立场的出场要有严格限定的范围。

二、立场何时出场：理论指导实践时

（一）生理与阶层：是什么在影响记忆能力

2009 年，康奈尔大学的加里·埃文斯（Gary Evans）和米歇尔·夏姆博格（Michelle Schamberg）使用社会学视角对青少年的"工作记忆"（working memory）能力——也就是同时将大量事实保存在大脑中的能力——进行测试[1]。

他们使用一款名为"西蒙"的电玩游戏，对来自纽约北部乡村地区 195 名 17 岁孩子的工作记忆能力进行测试。这些孩子是自出生起就被筛选出来进行跟踪性研究的对象，大概有一半是贫困线之下的家庭中长大，另外一半来自工薪阶层和中产阶级家庭。

研究者发现，那些在贫困中度过 10 年时间的孩子，整体上测试成绩低于只经历过 5 年贫困生活的孩子，这是研究者之前就已经发现的贫困影响工作记忆力的结论。

两位研究者没有满足于上述结论，想要探究进一步的真相，于是尝试引入了生物医学的研究方法：他们提出了一些以衡量生活压力为目的的生物学标准，如血压、体重指数、包括皮质醇在内的某些压力激素等，创造了一个所谓的"稳态应变负荷测量法"，以研究压力反应系统超载时的生理反应。"在拿到所有数据并对比每个孩子的'西蒙'测试得分、经历的贫困生活及稳态应变负

---

① EVANS G W, SCHAMBERG M A. Childhood poverty, chronic stress, and adult working memory [J]. Proceedings of the national academy of sciences, 2009 (16): 106.

荷时，他们发现了这三个变量之间的关联性：生活在贫困状态下的实践越长，对应的稳态应变负荷就越大，而'西蒙'测试的得分也会越低。但随后的结果却令他们大吃一惊：在采用静态技术提取稳态应变负荷的影响时，贫困生活经历带来的影响会完全消失。也就是说，影响贫困儿童执行能力发育的诱因并不是贫困本身，而是贫困所带来的压力[①]。"

　　研究证明，更底层的原因不是贫困，而是贫困导致的稳态应变负荷过高。也就是说，只要孩子稳态应变负荷没有过高，不管他生活在贫困还是富裕的家庭，都会取得好的测试得分。那么贫困与稳态应变负荷过高有没有相互的充分必要关系呢？当然没有！这种"过高"的状况可能由贫困导致，也可能由别的因素导致。在一个贫困但友爱的家庭里成长的孩子，可能没有稳态应变负荷过高的症状，将能取得好的测试得分。一个生活在较富裕的家庭的孩子，如果被赋予了过高的期望和压力，可能会存在稳态应变负荷过高的症状，进而影响其最终的测试成绩。

（二）环境影响与基因表达：幼鼠的舔舐实验

神经学家提供了生物学研究上的证据。

　　麦吉尔大学（McGill University）神经学家迈克尔·米尼团队人员发现了一个有趣的现象：在把实验幼鼠放回笼子时，有的幼鼠妈妈会赶上前去，花几分钟的时间舔舐她焦虑的幼崽，为它们抚摸皮毛，抚平心理压力；但另外一些幼鼠妈妈则对自己被拿回的幼崽置之不理。迈克尔·米尼及其团队想要研究一下幼鼠妈妈的这个行为到底对幼鼠会产生什么样的影响，他们把经常被母鼠舔舐和抚摸的幼鼠分为一组，而不经常被舔舐和抚摸的幼鼠分为另外一组，这些幼鼠出生 20 天后就被与母鼠分开，与同性一起喂养，直至 100 天后发育成熟，再对它们开展一系列的测试[②]。

　　其中一种测试是让老鼠在一个巨大的开放式圆形箱子中待 5 分钟，或者把饥饿的老鼠放在一只新笼子里待 10 分钟，并为它们提供食物。结果显示两组老鼠表现出来的差异极为明显：很少被母鼠舔舐和抚摸的幼鼠进入箱子底部空

　　① 保罗·图赫. 性格的力量：勇气、好奇心、乐观精神与孩子的未来［M］. 刘春艳，柴悦，译. 北京：机械工业出版社，2016：29 - 30.

　　② CALDJI C，et al. Maternal care during infancy regulates the development of neural systems mediating the expression of fearfulness in the rat［J］. Proceedings of the national academy of sciences，1998（9）：95.

旷区域的时间不足 5 秒钟,而那些经常被母鼠舔舐和抚摸的幼鼠进入空旷地域的时间则长达 35 秒,足足是前者的 7 倍。在 10 分钟喂食实验中,经常被舔舐或抚摸的幼鼠平均只需经过 4 次尝试,便会进行总计超过 2 分钟的进食;而很少被舔舐和抚摸的幼鼠则需要经过平均 9 分钟的尝试之后,才会开始进食,而且持续时间仅有几秒钟。研究人员进行了各种各样的试验,发现经常被母鼠舔舐的幼鼠更擅长走迷宫,是优秀的社交家,更富有好奇心,攻击性较低,有更出色的自控力,更健康,也更长寿。母鼠仅仅 20 天的舔舐和抚摸,让成年后的老鼠在行为方式上产生了巨大的差异。甚至还有生理的改变——研究人员发现两类老鼠的应激反应系统出现了巨大变化,不仅反映在尺寸和形状的巨大差异,大脑中压力控制部位的复杂程度也存在着天壤之别①。

真是个让人感动到流泪的实验。

研究团队人员更冷静一些,他们想到了一种可能:有没有可能这是基因在控制呢?也就是说喜欢舔舐和抚摸幼崽的母鼠妈妈天生就具有这样优良的基因?为了验证这个假设,研究人员将两类母鼠的幼崽交叉抚养:喜欢舔舐抚触幼崽的母鼠抚养不喜欢这样做的母鼠的幼崽,而不喜欢舔舐抚触幼崽的母鼠来抚养前者的幼崽②。

新的研究发现,不管幼鼠的亲生母鼠是谁,只要其在幼年时期得到了充分的舔舐和抚摸,长大以后他们往往会比较少得到以上爱抚体验的老鼠更勇敢、更善于适应环境。这说明这些特质的出现往往来自后天的培养。确切来说,根据米尼及其团队的后续研究,母鼠的舔舐和抚摸习惯不仅在激素和脑化学层面影响幼鼠,实际上该习惯还影响到了基因表达的开合。在生命早期对幼鼠进行舔舐和抚摸,会通过一个被称为甲基化作用的过程,影响到某些化学物质附着到幼鼠 DNA 特定片段上的方式。借助基因排序技术,米尼的研究团队甚至声称确定了舔舐和抚摸行为到底"打开"了哪些基因组,进而改变了成年老鼠海马体处理压力激素的方式。

(三)环境影响的超阶层性:母爱与青少年压力

米尼研究团队很快将该研究移植到人类身上。他们将自杀者分为童年曾遭

① 保罗·图赫. 性格的力量:勇气、好奇心、乐观精神与孩子的未来 [M]. 刘春艳,柴悦,译. 北京:机械工业出版社,2016:37 - 39.

② CALDJI C, DIORIO J, MEANEY M J. Variations in maternal care in infancy regulate the development of stress reactivity [J]. Biological psychiatry, 2000 (12):48.

受过虐待和没有遭受过虐待的两类，分别检验分析其海马体中与应激反应相关的 DNA 片段——就是老鼠试验中被发现的那个片段——发现童年曾遭受虐待的自杀者关闭了该基因的压力反应功能①。纽约州立大学心理学系的学者克兰西·布莱尔（Clancy Blair）对 1 200 多名婴儿进行了一项大规模的跟踪性研究，从这些婴儿 7 个月大开始，每隔一年测量一次该婴儿皮质醇水平在压力环境下的变化方式。布莱尔发现，只有在母亲对孩子漠不关心或是无动于衷的时候，家庭暴力、混乱或拥挤之类的环境风险，才会对儿童的皮质醇水平产生重大影响。高质量的母亲可以为孩子构建起一道强大的缓冲器，抵御不利环境给孩子压力反应体系带来的伤害——这与母鼠妈妈舔舐和抚触幼崽的作用是一样的②。

前述对青少年开展稳态应变负荷测试的加里·埃文斯也注意到了母亲的作用。他在近 20 年的时间里跟踪研究了纽约市北区的一群中学生，仍然是使用"西蒙"游戏，收集 3 类数据：累积风险得分、稳态应变负荷指标和母亲对孩子的反应敏感性。他发现环境风险得分越高，稳态应变负荷也越高，但是如果母亲对孩子的反应灵敏度非常高，则环境压力因子的影响就会被消除——不管该压力是源自贫困还是家庭冲突③。

以上研究证明，很多止步于"社会经济地位影响"的研究其实还可以更进一步。加里·埃文斯在探究真相时没有止步于"贫困导致测试分数偏低"，他结合生物医学的研究方法，进一步揭示了是"稳态应变负荷过高"导致的测试分数偏低，则使通过有针对性的心理治疗来解决问题成为可能——这让研究者现在就可以开展工作，而不用等到遥远的将来。研究者还发现了记忆影响的非阶层环境因素——母亲的舔舐与抚慰。

可见在探究知沟真相时，我们不能止步于社会学视角的结论——因为可能还有更底层的解释。在这时，立场应该退场，不能用立场来影响我们探究真相。

---

① MCGOWAN P O，et al. Epigenetic regulation of the glucocorticoid receptor in human brain associates with child abuse [J]. Nature neuroscience，2009（3）：12.

② BLAIR C，et al. Maternal and child contributions to cortisol response to emotional arousal in young children from low-income，rural communities [J]. Development psychology，2008（4）：44.

③ EVANS G W，et al. Cumulative risk，maternal responsiveness，and allostatic load among young adolescents [J]. Developmental psychology，2007（2）：43.

那立场是否一无是处,可以丢弃了呢?当然不是,立场在开展理论应用时有其不可或缺的价值。

(四)立场应何时出场?

拿到剥离立场而得到的更底层解释,还要站在人本和文明的立场上去应用,而不是拿来转身为不文明的社会现象辩护,这是立场需要出场的时候。

溯源知沟的形成过程,不能有立场,否则就会陷入"社会经济地位论"的泥潭,被实践中千奇百怪的验证结果所驳倒。

但开展知识占有差距的弥合实践时,则需要坚守人本的立场。不然人们会把一切都归结为天赋、阶层以及具体个人的动机缺陷,把种种不平都归结为大自然的优胜劣汰,进而滑入社会达尔文主义的深渊。

"知沟"假说给理论赋予了立场,使理论拥有了温度,向下实践时能获得更多认同。

但向上追溯原因时,我们需要抛弃立场,因为我们要追寻最初的真相,秉持立场会导致理论解释力下降。

人本的立场不能成为阻碍发现真相的绊脚石。不能因为人本的立场而说假话,不能因为人本的立场而故意忽略、隐瞒一些事实,更不能由立场决定、指引我们探究真相的行动。

立场有其有限的应用范围:立场有用,但是只能形而下的时候用;形而上的时候,只有剥离价值立场才能回溯到更接近原始真相的地方。

换句话说,立场是指引我们实践的根本准则,但立场不能成为我们探究真相的障碍。

三、基于立场的三块板砖

我预见到可能的一些批评,他们全部是基于立场的,在此预先做出回应。

(一)你这个不是"某某学"研究

"你这个不是传播学研究""你这个甚至不是社会学研究""你这个一整个儿大杂烩"……

研究者给传播学限定了比较严格的研究范围,认为如果超出了这个范围则会导致"研究失去意义",因为"框架、定义、目的、方法统统都不一样,大家在各说各话",甚至还有记性好的论辩者还记得这是我在第一章批评

"社会经济地位论"者的观点，把这个回旋镖打在我身上。

面对这一块板砖，我的反驳是：

研究的终极目的是预测——有人转引说孔德说过类似的话，但我没有检索到原文——如果你的研究预测老是出问题，你必须给它打上足够的补丁。如果打了补丁仍然解决不了问题，那就要考虑一下你的框架是不是有问题，是不是要考虑连补丁带框架一起扔进历史的垃圾堆。

不管你是"什么学"，不能有效预测的"学"还不如不学。"某某学"是一个为方便研究者、学习者交流而创建的平台，它不是一座抵御学科交叉与融通的城堡。"社会经济地位论"显然遇到了它无法解决的大麻烦，总是有新的情况导致其预测变成了笑话，这个大麻烦只能是扔掉其西方社会学的简单框架才能解决。

（二）你无法剥离"社会经济地位"影响

"有些人总觉得自己能跳出社会经济地位论的影响，事实上他的所有研究，都不可避免地打上了社会经济地位论的烙印。"

"个人天赋能摆脱社会地位影响吗？龙生龙，凤生凤，老鼠的孩子会打洞，人类社会的婚姻关系受到社会地位的严重影响，社会地位高的人总能选到更聪明的人结婚。虽然有钟摆一样的回归效应来平衡，但那些社会经济地位高的人生到更聪明的宝宝的概率总是会更大一点。一点点概率的累积，就会造成显著的差别，个人天赋根本无法摆脱社会地位的影响。"

"传播环境的影响当然就更加明显了。社会地位高的人传播环境往往相对更加友好和谐，更有利于其个人发展。社会地位低的人，由于底层欲望都还没有满足，社交也受限，严重影响其知识摄取的动机、方向、效能等诸多方面。"

"再进一步说，你为什么会关注到信息资源的分配不平等？显然跟你个人处在一个资源分配的劣势端有关系。换句话说，你关注这个问题正是因为你对分配问题十分敏感，你对这个问题十分敏感的原因就是你社会地位较低，因为吃饱了的人往往更关注选择问题，只有没吃饱的人才会关注分配问题。"

∙∙∙∙∙∙∙∙∙∙∙

对于以上观点，本研究只需要用一幅图就可以解决对方的质疑（图 4-1）。

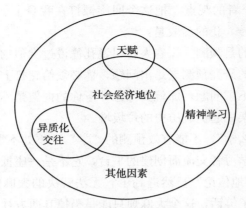

图 4-1　知沟影响因素分布示意

　　不是说"社会经济地位论"不能解释知沟现象，它可以解释，而且很有力。但是它不够全面和完整，它是间接的影响，不是直接的影响。更重要的是，它走在一个错误的方向上。简单说，由于框架问题，它很难囊括所有情况。

　　而且由于方向错误，该观点用来指导知沟弥合实践还会带来更多问题——因为我们可以从这个结论里推导出两个漏洞很明显的假设：一个是只有解决社会经济地位问题，才能实现知沟弥合难题；另一个是社会经济地位的提升，自然就能带来知沟的弥合。这是两个一眼假的结论，用于指导实践必然漏洞百出。

　　"你的观点其实都是一些毫无价值的废话。从你的观点里最后推导出结论是知沟无处不在、动态长存，根本无法弥合，这种正确的废话有什么预测价值？"

　　这个结论主要是用来"纠偏"的。只有认识到知沟的这些特征，才能有利于推动部分知识领域的知沟弥合。

　　（三）鼓吹"遗传决定论"

　　在斯宾塞和高尔顿的年代，人们对"遗传决定论"深信不疑。心理学家阿瑟·詹森悲观地发问："我们能在多大程度上提高智商和学术成就？"作家查尔斯·默里在《人类多样性》一书中认为，社会变化有可能影响基因设定值周围的少量变化，但不能改变设定值本身。这些观点一度受到广泛认可，导致人们对"通过社会、经济和教育的改善来改善人们命运的尝试"持有悲观预期①。

这种悲观的预期甚至有可能成为违法者的保护伞。阿莫斯·韦尔斯——一个美国年轻人，因为感情纠纷，他闯入女友的家中，开枪打死了自己 22 岁的怀孕女友查尼丝、女友 10 岁的弟弟埃迪以及女友的母亲安妮特。他的辩护律师尽心尽力地为他的行为寻找合理的理由——他们在判决阶段辩称，根据新西兰进行的一项候选基因研究，韦尔斯之所以有暴力倾向，是因为他继承了某个版本的 MAOA 基因，一位专家证人称这种基因型为"一种非常糟糕的遗传"。这种辩护当然没有打动陪审团——他们一致投票判他死刑②。

人们对遗传与社会地位的关联敏感而又警惕。凯瑟琳综述了对美国无家可归者的研究，结果显示其中约 20％患有严重的精神疾病，约 16％有严重的药物滥用障碍，这与他们的境况可能有某种关联。但是这种关联是危险的，因为，"人们担心，通过调查人类差异的原因，行为遗传学将破坏我们的道德平等概念……被用来为社会权力分配的不平等辩护"③。

对社会不公的遗传学研究面临着滑向深渊的危险——这是从背后扔来的另一块板砖——总会有那么一群人从遗传学结论中推导出现有的社会不平等是自然的、不可避免的、不可修补的，因此也是合理的，进而推导出是公平的。甚至有人拿来为丧失文明底线的行为辩护——就像前述那个案例一样。

对此，哲学家约翰·罗尔斯贡献了精彩的辩驳："自然分配既不是正义的，也不是不正义的……这些都不过是天然的事实。什么是正义的，什么是不正义的，取决于体制如何对待这些事实。贵族社会和种姓社会是不正义的，因为他们把这些偶然因素变成了决定某人是否属于或多或少封闭的和拥有特权的社会阶级的分配基础。这些社会的基本结构把自然的随意性具体化了。但是人们没有必要听任这些偶然因素的支配。社会制度不是一种人类无法控制的、不可改变的秩序，而是人类行为的一种模式④。"

凯瑟琳认为，正确的做法是利用遗传学的研究加速寻找有效的干预措

①　凯瑟琳·佩奇·哈登. 基因彩票：运气、平等与补偿性公正 [M]. 陆大鹏，译. 沈阳：辽宁人民出版社，2023：184 - 185.

②　凯瑟琳·佩奇·哈登. 基因彩票：运气、平等与补偿性公正 [M]. 陆大鹏，译. 沈阳：辽宁人民出版社，2023：230 - 231.

③　凯瑟琳·佩奇·哈登. 基因彩票：运气、平等与补偿性公正 [M]. 陆大鹏，译. 沈阳：辽宁人民出版社，2023：253 - 256.

④　RAWLS J. A theory of justice [M]. Cambridge ：Harvard University Press，1999.

施，改善人们的生活，减少结果的不平等。研究显示，“一切都是可遗传的”，意思是，遗传不是“固定的”“永恒不变的”，环境可以影响基因的表达：通过干预来改善和加强的结果，也是可以遗传下去的。遗传能够被干预和改变，遗传不等同于铁律，这是我们面对生物性呈现时应反复念诵的理念。

行为的遗传远在达尔文时期就已经被广泛发现。行为具有种系可溯源性，例如，人类的解剖结构可以追溯到原始鱼类身上，人类的行为策略都是从祖先物种那里遗传而来，进化生物学家把这种倾向称之为种系惯性。人类形状和行为依然能够看到进化前物种的遗留，这种遗传的同源性有可能源自基因的改变，也有可能只是基因的表达与沉默。动物身上也是一样，例如，猫的行为总是会体现出猫的特征，狗的行为总是会体现出狗的特征。不同家系的狗也存在明确的差异，有的狗种很容易就能学会求助，有的狗种很容易就能帮助牧羊人把他的羊归拢在一起。这些差异很大程度上源自选择性配种——也就是源自基因的作用，要培养出富有攻击性的多伯曼犬，家犬配种人会选择两条最富攻击性的多伯曼犬来交配，而不是选择两条温顺的多伯曼犬。经过如此这般的多代选择性配种过程之后，多伯曼犬就会成为富有攻击性的犬种。

当然，当前的文明规范要求人类不能为了性状的改变而像动物这样选择性配种，还好除了这条途径以外，还有早期经验和环境对基因表达的影响可以利用，前述众多杰出的研究已经证明这一点。1973 年欧洲生物学家康拉德·洛伦兹、尼克·丁伯根和卡尔·弗里希获颁诺贝尔生理学或医学奖，只因他们为动物行为的种系发生史研究做出的杰出贡献，他们创立了习性学这样一门研究行为的生物基础的学科。洛伦兹认为使用动物的运动序列可以有效鉴定物种之间的亲缘远近关系，相关理论也可以用来研究动物的复杂社会行为，毕竟任何复杂行为都不是凭空出现的。约翰·斯舒勒（John Spuhler）和林恩·乔德（Lynn Jorde）在 20 世纪 70 年代中期对非人灵长类动物的研究发现物种会从它的祖先物种那里遗传某些特定行为。20 世纪 90 年代迪·菲奥（Di Fiore）和伦德尔（Rendall）依据 34 项社会组织特征（包括迁徙倾向、理毛、沟通结构、择偶类型、性别内和性别间的社会关系、繁衍投资等）对 65 种灵长类进行了归类，他们发现，雌性的很多社会行为与旧世界猴具有惊人的一致性，灵长类动物的社会系统和普遍类型的社会行为，看起来像是以“打包”的方式从祖先那里继承而来。以微笑为例，灵长类学家普遍相信灵长类的"露齿展示"与人类的微笑具有同源性①。

因此，面对生物性我们不是毫无招架之力的。早期经验及环境的影响是我们调整遗传规则的有力抓手。

第二节　知识的范围与知沟的重构

一、知识的层级与定义

1934 年艾略特（Eliot）在一首叫作《岩石》的诗中给知识划分了信息、知识和智慧三个层级：

　　　　　我们在生存中失掉的生活在哪里？

　　　　　我们在知识中失掉的智慧在哪里？

　　　　　我们在信息中失掉的知识在哪里？

1988 年，罗素·艾克夫（Russell Ackoff）在其国际一般系统研究学会主席的任职发言中，创建了一个知识的层级模型。在这个模型里，最基层的是数据，向上逐渐收窄的依次是信息、知识、理解和智慧，这个金字塔的每一级都由其下一层提炼而来②。

在信息论攻城略地的时候，国内有不少学者也专门论述了信息、知识和情报三者之间的关系，并没有达成统一意见。

如果把知识定义为信息，把知沟定义为信息差，那么知识千变万化，公众各种各样，时空永恒运动，知识占有差异实在是必然的结果，这种考量只具有形而上的意义，只能在考察知识占有差异时使用。

如果把知识看成实现阶层弥合的工具，则知识就被附加了价值考量，知识定义的内涵和外延都大大缩小了，换来的是有温度的假说和有立场的理论，它不能用于考察知沟的形成，但用以指导实践则会效果显著。唯一的缺陷就是，知沟假说的考察有可能就变成了"成功学"研究。

因此，我们中立一点，把知识看作能改变（包括强化）人类行为的信息。

---

① 达里奥·马埃斯特里皮埃里. 猿猴的把戏：动物学家眼中的人类关系 [M]. 北京：电子工业出版社，2014：290 - 302.

② 戴维·温伯格. 知识的边界 [M]. 胡泳，高美，译. 太原：山西人民出版社，2014：3 - 4.

我们的目标是,让每一个人都能更便捷地获取他想要获取的知识。

艾克夫定义知识是将"信息变为指令"(information into instruction)的本事,比如"知道一个系统是如何运行的,或者如何让它以我们希望的方式运行"。艾克夫的学生斯基普·沃特(Skip Walter)定义知识是"可以付诸行动的信息"(actionable information)①。

这些定义毫无疑问是一致的,都是最大化的知识定义。

二、异质化交往与知沟弥合

人与人之间的信息交流更多地发生在同质的群体之间——出于更容易和更愉悦等原因,毕竟——与那些不同类型的人进行沟通可能会引起认知失调,因为对方提供的信息往往与自己的价值观不相符合,会引起心理上的不快。

同质化的沟通效率极高,沟通也相对顺畅,出现沟通失败的概率较低。而与其他不同特性的人进行沟通时,因为双方在专业技能、社会地位、信仰和语言上的不同,通常都会引起彼此的误解,从而无法准确地传达或接受信息。

但是,同质化的沟通中,双方知识增加的数量相对异质化沟通是更少的,因为同质的原因,双方知识重合的地方更多,这种同质化的沟通可能更多带来的是观点的强化及情绪的满足。同质性沟通加速了扩散的过程,但是也限制了扩散的对象,进而导致了知沟在群体间的扩大。

异质化沟通是掌握更多有效信息的关键。格兰诺维特(Granovetter)提出了"弱连接的力量"(the-Strength-of-Weak-Ties)理论,提出了类似的看法。

格兰诺维特收集了过去一年内更换过工作的 282 名居民的数据,让他感到惊讶的是,许多人反映,他们是从那些联系不太紧密的异质性朋友那里获知目前这个工作岗位的。这些"弱连接"指那些目前工作网络中不常联系的个体,如大学校友、以前的同事或老板,仅仅维持着零星的联系的人等。与这些过去熟人的偶遇往往会激活弱连接网络,并交换工作信息。有时候这样的网络还会为完全陌生的人提供工作的机会。在研究者搜集的数据中,仅有 17% 的受访者表示是从比较亲密的朋友或亲戚那里找到了新工作的机会。这个数据很容易理解,作为你的密友,对于你不知道的事情他同样也是知之甚少,密友之间组

---

① 戴维·温伯格. 知识的边界 [M]. 胡泳,高美,译. 太原:山西人民出版社,2014:6.

成了信息封闭的小圈子，不利于从外部获取信息。

因此可以得出一个判断，沟通网络的信息交换程度与其相似度、同质性负相关。低相似度的异质化交往在知识传递中扮演着至关重要的角色[①]。

异质化沟通对传播者的要求更高，往往需要具有所谓社会地位高、教育程度高、消息更加灵通等特点。

三、更具普遍意义的"知沟"假说

根据前述方法、视角的分析，在找到自己的立场之后，我们可以给出自己的清晰答案。

第一，不能忽视禀赋因素。禀赋的存在让我们清晰地知道：我们可以尝试拉近差距，使之在不断缩小的合理范围内，但阶层总会出现，不同时代呈现出不同的面貌。当然禀赋论也有其适用范围，也受到环境的深刻影响，它不是解释一切的普世规则。

第二，关键在信息交换，更进一步说，是"异质化交流"。异质化的意思是与自身及所属群体的"异质"，跨领域跨部门跨阶层的交往，这是攫取更多知识的关键，但是否真的是自己想要的知识，或者是否真的是自己需要的知识，推动阶层跃升的知识，你需要给它加一个价值判断，如"高质量的"异质化交往。

第三，信息也可以是单方面学习。例如，格物致知、对各种信息源的精神学习、教育活动等对改善大部分领域内的知识占有差异的效果是显著的。

第四，可能我们还需要一点运气。信息资源的获取，个体的努力很重要，但时运的影响也不能忽视。

在这个基础上，我们重构了实践导向的"知沟"假说：

随着时间流逝，存在于人类社会的信息资源越来越多。那些异质化交往更好、精神学习更好、禀赋更好的个体将能获取更多更好的信息资源，因此人与人之间多数领域的知识占有差异将呈扩大之势。但如果禀赋、异质化交往、精神学习得以改善，人类大多数领域的知识占有差异能完成卓有成效的弥合。

这个定义给知识附加了价值。所以知识的范围有所缩小，强调了知识的

---

① 罗杰斯.创新的扩散［M］.5版.唐兴通，郑常青，张延臣，译.北京：电子工业出版社，2016：360-362.

"资源"属性。因为在弥合"知沟"的实践中,我们需要立场的指引,而立场赋予了知识"价值"特性。

这里的争议是:禀赋也能改善吗?是的。虽然禀赋可能主要由基因决定,但是哪个基因被表达,哪个基因没有被表达,环境在这里起到了重要的影响——环境并不仅仅是阶层,这是比阶层更大的范围。

新的"知沟"假说相比老的,有哪些优势呢?个人认为最大的优势就是弥合"知沟"可以走在正确的道路上。

第三节　有立场的弥合实践

在"知沟"弥合实践中,我们需要赋予"知沟"假说以鲜明的价值立场,即使会让理论变得所谓"庸俗化"。

面对由禀赋、异质化交往、精神学习效果、运气等决定的知识占有差异,我们该怎么办呢?承认当下一切都是最好的安排吗?当然不是。寻找真相的下一步是在文明的指引下进行干预,以促进社会公平——当然,"公平不是每个人都得到同样的东西。公平是每个人都得到他为了成功而需要的东西"。

因此,如果"知沟"假说不仅想要完成知识占有的弥合,它更想要完成阶层的弥合的话,从信息资源分配的角度,该如何做呢?从新的"知沟"假说这里,我们可以很清楚地找到路径:

第一,促进异质化的社会交往。多为不同领域、不同部门、不同阶层、不同组织、不同群体的人们创造交流交往的机会。这个过程中,很明显会发生很多的矛盾和斗争,会有很多的伤害和不满,但是这是完成弥合的必由之路——除非有比"知沟"弥合更重要的问题要面对。此外,这种社会交往并不局限于人与人的交往,交通设施的改善、物资的融通交流、人员的异质化流动都是在促进异质化交往,都是有助于"知沟"和阶层弥合的举动。

第二,教育的重要性值得反复强调。因为只要明确了知识的具体领域,最好的弥合办法就是教育活动——在研究者的论述中,教育前不约而同有一个限定词,综合起来叫"正规教育"。对那些有确定实用意义的明确知识,如生活和医疗常识等,教育的办法最直接有效。本书综述中很多杰出的研究证明了这一点。凯瑟琳综述遗传学研究成果时也断言道:"遗传学研究的压倒性共识是,人与人之间的遗传差异对谁能在正规教育中取得成功有影响,而正规教育的结果对许多其他方面的不平等有影响①。"

在查阅资料时，我也看到另外一个研究。20 世纪 80 年代，学者对比了巴西街头贫困儿童小贩和接受正规教育的儿童两个年纪相仿的群体的数学能力，结果显示街头小贩在加减法能力和比例概念上完胜接受正规教育的儿童。学者最后得出结论，生活经验比正规教育有用得多②。对此观点，我们说，从"知沟"研究的角度看，这跟让利比亚农民与大学生比较估算谷堆的实验基本没有区别。

第三，禀赋的重要性需要明示。由于各种各样的原因，禀赋在研究和政策中被有意无意地忽视。但是在现实生活中，每个人都明了并在积极利用着禀赋差，这是一个"可以做但是不可以说"的诡异禁忌。但人类需要正视自己的生物性，需要与自己的生物性和解。必须知道，我们对抗人性（或者说动物性）的武器不是"忌讳"，而是"理想"。承认自然界的弱肉强食事实，并把它摆在桌面上，不是要证明和维护它的合理性，而是要用文明的立场对这个事实加以控制和牵引，即使这种控制和牵引某种程度上看是"不经济""不理性"的。

第四，理想和价值是形而下的牵引，不是形而上的明灯。有些人要求在形而上的时候也要加以理想和价值的牵引——他不是蠢就是坏——因为这不仅是一种徒劳，还是被坏人利用的抓手。同时，形而下的时候，我们要抓牢文明的理想和价值。在愚公移山的故事中，聪明人说你搬走不就好了吗，干吗要做这样"不划算""不效率""不经济"的事情？因为我们是人，人自诩脱离了禽兽的范畴，其证据就是拥有文明的价值和立场。这个价值和立场造成了人难以认识、难以预测的后果，但也是人类之所以能走到今天，创造出灿烂文明的根本原因。

因此，遗传学、心理学和社会学等学科应该建立更紧密的联系——去不受阻碍地探寻真相，并于文明立场上应用实践。

---

① 凯瑟琳·佩奇·哈登. 基因彩票：运气、平等与补偿性公正［M］. 陆大鹏，译. 沈阳：辽宁人民出版社，2023：180.

② 史蒂文·斯洛曼，菲利普·费恩巴赫. 知识的错觉：为什么我们从未独立思考［M］. 祝常悦，译. 北京：中信出版集团，2018：219-220.

参考文献

REFERENCES

埃米尔·涂尔干，2000. 社会分工论 ［M］. 渠东，译. 北京：生活·读书·新知三联书店.

白红义，2020. 媒介社会学中的"把关"：一个经典理论的形成、演化与再造 ［J］. 南京社会科学（1）：106 - 115.

柏拉图，2003. 柏拉图全集 ［M］. 王晓朝，译. 北京：人民出版社.

保罗·图赫，2016. 性格的力量：勇气、好奇心、乐观精神与孩子的未来 ［M］. 刘春艳，柴悦，译. 北京：机械工业出版社：29 - 30.

查尔斯·尼尔森，萨拉·韦布，2017. 早期记忆发展的认知神经科学视角 ［M］//米歇尔·德·哈恩，马克·H. 约翰逊. 人类发展的认知神经科学. 杭州：浙江教育出版社.

柴伟佳，2016. 知识的定义对于解决怀疑论问题的重要性 ［J］. 现代哲学，3（5）：105 - 110.

陈力丹，陈俊妮，2010. 论人内传播 ［J］. 新闻与传播研究（1）：9 - 13.

陈真，2021. 盖梯尔和盖梯尔问题 ［N］. 中国社会科学报，06 - 01（7）.

崔晓，2018. 罗素后期知识论研究 ［D］. 厦门：厦门大学.

崔旭治，浦根祥，1997. 从知识社会学到科学知识社会学 ［J］. 教学与研究（10）：44.

戴维·温伯格，2014. 知识的边界 ［M］. 胡泳，高美，译. 太原：山西人民出版社.

迪尔凯姆，1995. 社会学方法的准则 ［M］. 狄玉明，译. 北京：商务印书馆.

笛卡尔，1986. 第一哲学沉思集 ［M］. 庞景仁，译. 北京：商务印书馆.

丁家永，1998. 知识的本质新论：一种认知心理学的观点 ［J］. 南京师大学报（社会科学版）（2）：67 - 70.

丁未，2001. 大众传播的社会结构与知识差异：明尼苏达小组早期知沟假设研究 ［J］. 新闻大学（4）：32 - 36.

丁未，2003. 社会结构与媒介效果："知沟"现象研究 ［M］. 上海：复旦大学出版社.

丁未，2003. 西方"知沟假设"理论评析［J］. 同济大学学报（社会科学版），14（2）：107-112.

丁未，张国良，2001. 网络传播中的"知沟"现象研究［J］. 现代传播（6）：11-16.

董晨宇，2017. 一项经典研究的诞生：知沟假说早期研究史的知识社会学考察［J］. 国际新闻界（11）：30-46.

杜中杰，2000. 试论六十年代以来传播主流学派效果研究的转向［J］. 现代传播（北京广播学院学报）（8）：31-36.

格尔哈德·帕普克，2001. 知识、自由与秩序［M］. 黄冰源，冯兴元，赵莹，等译. 北京：中国社会科学出版社.

葛进平，章洁，方建移，等，2006. 浙江省中学生"知沟"假设的实证研究［J］. 新闻与传播研究（4）：54-60，95.

郭婧一，喻国明，2022. 从"人内传播"到"人际传播"：超扫描范式在认知神经传播学研究中的应用与拓展［J］. 新闻与写作（8）：51-61.

哈耶克，1989. 个人主义与经济秩序［M］. 贾湛，施炜，等译. 北京：北京经济学院出版社.

胡军，2008. 关于知识定义的分析［J］. 华中科技大学学报（社会科学版），22（4）：13-23.

胡献红，2005. 全球化背景下的"数字鸿沟"：北京、义马两地网民比较研究［J］. 新闻与传播评论（5）：220-230.

江畅，宋进斗，2022. 重新认识知识论的性质［J］. 江汉论坛（7）：49-59.

姜婷婷，2016. 蒯因自然化认识论与规范性问题［D］. 天津：南开大学.

卡尔·门格尔，2018. 社会科学方法论探究［M］. 姚中秋，译. 北京：商务印书馆.

凯瑟琳·佩奇·哈登，2023. 基因彩票：运气、平等与补偿性公正［M］. 陆大鹏，译. 沈阳：辽宁人民出版社.

康德，2003. 纯粹理性批判［M］. 李秋零，译. 北京：中国人民大学出版社.

拉塞尔·K. 舒特，拉里·J. 赛德曼，马切里·S. 凯夏文，2021. 社会神经科学：脑、心理与社会［M］. 冯正直，译. 重庆：西南师范大学出版社.

李彪，郑满宁，2013. 传播学与认知神经科学研究：工具、方法与应用［M］. 北京：人民日报出版社.

李毅强，2001. 知识经济时代管理科学的哲学初探［D］. 北京：中国社会科学院研究生院：24-26.

李志昌，2004. 论信息的知识论定义［J］. 楚雄师范学院学报，19（5）：127-129.

理查德·费尔德曼，2019. 知识论［M］. 文学平，盈俐，等译. 北京：中国人民大学出版社.

刘蒙之，2009. 美国的人际传播研究及代表性理论［J］. 国际新闻界（3）：123-128.

刘琴，保罗·D. 博尔思，2016. 触动神经：西方媒介认知心理学研究回眸与贡献［J］. 西南民族大学学报（人文社会科学版）（9）：202-208.

刘晓红，1996. 试论心理学在传播学研究中的作用［J］. 新闻与传播研究（3）：2-12.

刘永谋，2011. 媒介编码 VS 社会控制：尼尔·波兹曼的信息论［J］. 自然辩证法研究，27（5）：90-95.

路德维希·冯·米塞斯，2015. 经济科学的最终基础：一篇关于方法的论文［M］. 朱泱，译. 北京：商务印书馆.

罗伯特·F. 波特，保罗·D. 博尔斯，2012. 传播与认知科学：媒介心理生理学测量的理论与方法［M］. 支庭荣，余虹珊，卢锋，等译. 北京：清华大学出版社.

罗杰斯，2016. 创新的扩散［M］.5 版. 唐兴通，郑常青，张延臣，译. 北京：电子工业出版社.

罗素，1983. 人类的知识：其范围与限度［M］. 张金言，译. 北京：商务印书馆.

罗素，2000. 哲学问题［M］. 何兆武，译. 北京：商务印书馆.

马克思，恩格斯，1975. 马克思恩格斯全集［M］. 中共中央马克思恩格斯列宁斯大林著作编译局，译. 北京：人民出版社.

马克思，恩格斯，2009. 马克思恩格斯文集［M］. 中共中央马克思恩格斯列宁斯大林著作编译局，译. 北京：人民出版社.

马克思，恩格斯，2012. 马克思恩格斯选集［M］. 中共中央马克思恩格斯列宁斯大林著作编译局，译. 北京：人民出版社.

马克思·韦伯，1997. 经济与社会：上卷［M］. 李荣远，译. 北京：商务印书馆：39-56.

马克斯·H. 博伊索特，2005. 知识资产：在信息经济中赢得竞争优势［M］. 张群群，陈北，译. 上海：上海世纪出版集团.

么晓明，丁世昌，赵涛，等，2022. 大数据驱动的社会经济地位分析研究综述［J］. 计算机科学，49（4）：80-87.

莫永华，寇冬泉，2005. 基于认知心理学的人类分层传播模式［J］. 电化教育研究（11）：38-41，46.

尼采，2007. 查拉图斯特拉如是说［M］. 杨恒达，译. 南京：译林出版社.

聂欣如，陈红梅，2018. "人内传播"再商榷［J］. 上海大学学报（社会科学版），35（2）：109-120.

皮亚杰，1989. 生物学与认识：论器官调节与认知过程的关系［M］. 尚新建，杜丽燕，李浙生，译. 北京：生活·读书·新知三联书店.

齐小美，2021. 把关人理论视角下受众认知对新闻"洗稿"规制的影响［D］. 北京：北京外国语大学：12-14.

任小鹏，2008. "无知"与自由：哈耶克知识论问题探微［D］. 北京：中国人民大学：1-30.

荣格，1997. 荣格文集 [M] . 冯川，译 . 北京：改革出版社 .

莎士比亚，2001. 哈姆雷特 [M] . 梁实秋，译 . 北京：中国广播电视出版社：111.

单纯，1993. "知识沟"理论的演变及其社会意义 [J] . 社会科学（4）：70 - 73.

石中英，2001. 知识转型和教育改革 [M] . 北京：教育科学出版社 .

史安斌，王沛楠，2017. 议程设置理论与研究 50 年：溯源·演进·前景 [J] . 新闻与传播
　　研究（10）：13 - 28.

史蒂文·斯洛曼，菲利普·费恩巴赫，2018. 知识的错觉：为什么我们从未独立思考
　　[M] . 祝常悦，译 . 北京：中信出版集团 .

隋岩，2018. 群体传播时代：信息生产方式的变革与影响 [J] . 中国社会科学（11）：114 -
　　134，204 - 205.

汪晓东，张立春，肖鑫雨，2011. 大脑学习探秘：认知神经科学研究进展 [J] . 开放教育
　　研究，17（5）：40 - 51.

王朝元，兰荣娟，2008. 科学知识：先验的综合判断：康德知识观简论 [J] . 广西师范大
　　学学报（哲学社会科学版），44（6）：120 - 123.

王道阳，戚冬，陈天刚，2016. 教育神经科学的发展现状、影响及对策 [J] . 教育生物学
　　杂志，4（3）：144 - 147.

王建峰，2019. 新媒体语境下对"知沟"中知识概念的再考察 [J] . 新闻爱好者（5）：
　　19 - 21.

王荣花，2010. 认知心理学的心理学及语言学思想溯源 [J] . 西北大学学报（哲学社会科
　　学版），40（6）：173 - 175.

王怡红，2015. 论"人际传播"的定名与定义问题 [J] . 新闻与传播研究（7）：112 - 125.

王园园，刘纯明，2004. "信息鸿沟"景观下个人知识与命运的互动关系 [J] . 新闻界
　　（10）：51 - 53.

韦路，2009. 从知识获取沟到知识生产沟：美国博客空间中的知识霸权 [J] . 开放时代
　　（8）：139 - 153.

韦路，陈俊鹏，2021. 全球数字图书馆鸿沟的现状、归因与弥合路径 [J] . 现代出版（5）：
　　11 - 18.

韦路，李锦容，2012. 网络时代的知识生产与政治参与 [J] . 当代传播（4）：11 - 14，19.

韦路，李贞芳，2009. 新旧媒体知识沟效果之比较研究 [J] . 浙江大学学报（人文社会科
　　学版），39（5）：57 - 65.

韦路，秦璇，2023. 主客观知识沟：知识沟研究的新方向 [J] . 新闻与传播研究（2）：53 -
　　67，127.

韦路，谢点，2015. 全球数字鸿沟变迁及其影响因素研究：基于 1990－2010 世界宏观数据
　　的实证分析 [J] . 新闻与传播研究（9）：36 - 54，126 - 127.

韦路，张明新，2008. 网络知识对网络使用意向的影响：以大学生为例 [J]. 新闻与传播研究，15（1）：71-81.

韦路，赵璐，2014. 社交媒体时代的知识生产沟：微博使用、知识生产和公共参与 [J]. 兰州大学学报（社会科学版），42（4）：45-53.

韦路，张明新，2006. 第三道数字鸿沟：互联网上的知识沟 [J]. 新闻与传播研究，13（4）：43-53，95.

吴永和，1992. 传播学及其效果分析之历史走向 [J]. 江苏社会科学（4）：122-126.

伍静，2007. 中美传播学早期的建制化历程与反思 [D]. 上海：复旦大学.

肖中舟，1994. 论知识 [J]. 武汉大学学报（哲学社会科学版）（2）：8-14，19.

谢志刚，2018. 哈耶克知识问题中的信息与知识论 [J]. 人文杂志（6）：42-50.

欣迪卡，2017. 没有知识和信念的认识论 [J]. 徐召清，译. 世界哲学（5）：5-21.

休谟，1981. 人类理解研究 [M]. 关文运，译. 北京：商务印书馆.

晏青，2020. 认知传播的研究取向、方法与趋势 [J]. 南京社会科学（5）：97-108.

杨蒙达，2009. 信息、知识、情报的关系综述 [J]. 图书情报工作（1）：154-158.

杨孟尧，2008. "知沟"理论与知识占有差异研究 [D]. 重庆：重庆大学.

叶浩生，2011. 有关具身认知思潮的理论心理学思考 [J]. 心理学报，43（5）：589-598.

叶浩生，杨文登，2013. 具身心智：从哲学到认知神经科学 [J]. 自然辩证法研究，29（3）：3-8.

伊恩·莱斯利，2013. 说谎心理学：为什么不说谎，我们就活不下去？[M]. 长沙：湖南文艺出版社.

易龙，奚奇，2023. 知识资源视角下"知沟"演化机制研究：基于糖域模型仿真的方法 [J]. 现代传播，45（6）：76-83.

俞吾金，2012. 康德"三种知识"理论探析 [J]. 社会科学战线（7）：12-18.

约翰·科洛姆博，杰瑞·S. 简萨，2017. 关于注意与记忆发展关系的认知神经科学观点 [M] //约翰·E. 理查兹. 注意的认知神经科学. 艾卉，徐鹏飞，等译. 杭州：浙江教育出版社.

约翰·杜威，2010. 杜威全集 [M]. 熊哲宏，张勇，蒋柯，译. 上海：华东师范大学出版社.

詹姆斯·格雷克，2011. 信息简史 [M]. 北京：人民邮电出版社：1-100.

詹姆斯·沃森，安德鲁·贝瑞，2010. DNA：生命的秘密 [M]. 陈雅云，译. 上海：上海人民出版社.

张国良，丁未，2002. 中国大众传播媒介与"知沟"现象初探：以上海和兰州为例 [J]. 新闻记者（11）：37-39.

张红娟，谢思全，林润辉，2011. 网络创新过程中的知识流动与传播：基于信息空间理论的分析 [J]. 科学管理研究，29（1）：21-26.

张华茂，2004. 知识实践论［D］. 长春：吉林大学：23 - 44.

张琳，刘玲，刘嘉，2014. 破译人类"黑匣子"：与教育相关的脑科学研究［J］. 中小学管理（6）：4 - 9.

张佩婕，2012. 毛泽东知识观及其教育价值［D］. 焦作：河南理工大学.

张铁声，1992. 从认知科学到认知学［J］. 晋阳学刊（2）：52 - 57.

张新华，张飞，2013. "知识"概念及其涵义研究［J］. 图书情报工作，57（6）：49 - 58.

赵泽华，郭强，2022. 知识与实践的张力：马克思知识论的现代反思［J］. 华北水利水电大学学报（社会科学版），38（5）：84 - 88，108.

朱晓华，胡翼青，2004. 对"数码沟"研究的质疑［J］. 广播电视大学学报（哲学社会科学版）（5）：32 - 35.

佐竹靖彦，2020. 刘邦［M］. 王勇华，译. 北京：北京联合出版公司.

CHIANG Y-L，2022. Study gods：how the new Chinese elite prepare for global competition ［M］. Princeton：Princeton University Press.

DEWEY J，1938. Logic：the theory of inquiry. In the later works of John Dewey［M］. Edited by Jo Ann Boydston. Carbondale：Southern Illinois University Press，1938/1991，12：26.

DONOHUE G A，TICHENOR P J，OLIEN C N，1973. Mass media functions，knowledge and social control［J］. Journalism quarterly，50（4）：652 - 659.

DONOHUE G A，TICHENOR P J，OLIEN C N，1975. Mass media and the knowledge gap：a hypothesis reconsidered［J］. Communication research（1）：3 - 23.

ETTEMA J S，KLINE F G，1977. Deficits，differences，and ceilings contingent conditions for understanding the knowledge gap［J］. Communication research，4（2）：179 - 202.

GALTON F，1909. Essays in eugenics［M］. London：The Eugenics Education Society.

GAZIANO C，2016. Knowledge gap：history and development［EB/OL］. (2016 - 07 - 08)［2024 - 02 - 01］. https：//onlinelibrary. wiley. com/doi/epdf/10. 1002/9781118783764. wbieme0041.

GENOVA B K L，GREENBERG B S，1979. Interests in news and the knowledge gap［J］. Public opinion quarterly（1）：79 - 91.

GETTIER E L，1963. Is justified true belief knowledge?［J］. Analysis，23（6）：121 - 123.

GRIFFIN R J，1990. Energy in the eighties：education，communication，and the knowledge gap［J］. Journalism quarterly，67（3）：554 - 566.

ILES P，YOLLES M，2002. Across the great divide：HRD，technology translation，and knowledge migration in bridging the knowledge gap between SMEs and universities［J］. Human resource development international（1）：23 - 53.

JAMES W，1990. Psychology：briefer course［M］. New York：Henry Holt and Company.

KLEINNIJENHUIS J，1991. Newspaper complexity and the knowledge gap［J］. European journal of communication (6)：499 - 522.

KOLBERT K，2011. Sleeping with the enemy [J]．The New Yorker，87 (24)：64.

MCLEOD D M，PERSE E M，1994. Direct and indirect effects of socioeconomic status on public affairs knowledge [J]．Journalism quarterly (2)：433 - 442.

NCD Risk Factor Collaboration，2020. Height and body-mass index trajectories of school-aged children and adolescents from 1985 to 2019 in 200 countries and territories：a pooled analysis of 2181 population-based studies with 65 million participants [J]．Lancet，396 (11)：1511 - 1524.

PAN Z D，MCLEOD J M，1991. Multilevel analysis in mass communication research [J]．Communication research，18 (2)：140 - 173.

ROGERS E M，1976. Communication and development：the passing of the dominant paradigm [J]．Communication research (4)：213 - 239.

SHANNON C E，1956. The bandwagon [J]．IEEE transactions information theory，2：3.

STRICKER L J，1980. "SES" indexes：what do they measure [J]．Basic and applied social psychology，1 (1)：93 - 101.

SUOMINEN E，1976. Who needs information and why [J]．Journal of communication (3)：115 - 119.

VICO G，1948. The new science [M]．Translated from the third edition (1744) by Thomas Goddard Bergin，Max Harold Fisch. New York：Cornell University Press.

VISWANATH K，KAHN E，FINNEGAN J R，et al.，1993. Motivation and the knowledge gap：effects of a campaign to reduce diet-related cancer risk [J]．Communication research，20 (4)：546 - 563.

YANG J，GRABE M E，2014. At the intersection of the digital divide and the knowledge gap：do knowledge domains and measures matter? [J]．The information society：an international journal (10)：310 - 322.

后 记
POSTSCRIPT

　　读书时，我愣头青一样在课堂上向老师提出了自己对"知沟"假说的疑问——当时我认为这个理论肉眼可见的粗糙，难经逻辑拷问。老师肯定了我的思考，并建议我写出来，后来我毕业论文即以此为主题。

　　但关于该问题的思考并没有真正完成，因此洗澡、散步等偶尔的松弛瞬间，脑海中又总会不自觉地推敲起这个假说来。回到高校任职后，我用两个寒假完成了初稿，并在一年的时间里反复修改至最终定稿。感谢父母、妻子让我腾出手来做这件事情。

　　感谢浙江科技大学科研处和浙江科技大学马克思主义学院的出版资助。感谢出版资助评审专家的评审意见，他们的点评非常精准和犀利。对此我非常开心，我以专家意见为指引修改了专著内容，使质量得以进一步提升。

　　当然，这本书实际探讨的是一个在路上的问题，这也是一本在路上的书，我将继续思考和学习，争取未来能再有寸进。

2024 年 4 月 1 日

於杭州西湖之畔

图书在版编目（CIP）数据

视角、方法与立场："知沟"假说的多学科观照 /
杨孟尧著. -- 北京：中国农业出版社，2025. 6.
ISBN 978-7-109-33221-8

Ⅰ. G206.3

中国国家版本馆 CIP 数据核字第 2025VR7935 号

中国农业出版社出版

地址：北京市朝阳区麦子店街 18 号楼
邮编：100125
责任编辑：肖　杨
版式设计：王　晨　　责任校对：吴丽婷
印刷：北京中兴印刷有限公司
版次：2025 年 6 月第 1 版
印次：2025 年 6 月北京第 1 次印刷
发行：新华书店北京发行所
开本：720mm×960mm　1/16
印张：12.75
字数：220 千字
定价：99.00 元
